MANUEL DU CHASSEUR.

Le *Journal des Communes*, créé en 1828, et le premier recueil destiné à faciliter l'intelligence et l'application des lois municipales, contient, outre le commentaire sur la loi de la chasse, que nous publions ici séparément, des articles également développés sur toutes les matières qui concernent l'administration.

CONDITIONS DE L'ABONNEMENT

L'abonnement est *annuel*, et part toujours du 1er *Janvier* au 31 *Décembre*. Prix... 9 fr., *franc de port*.

Les 203 livraisons publiées en 1828, 1829, 1830, 1831, 1832, 1833, 1834, 1835, 1836, 1837, 1838, 1839, 1840, 1841, 1842 et 1843 forment SEIZE forts volumes, au prix de 5 francs chacun, ou 80 fr., *franc de port*.

On s'abonne par simple lettre adressée à M. DELALANDE, directeur du *Journal des Communes*, rue d'Anjou-Dauphine, 6, à Paris.

DE L'IMPRIMERIE DE CRAPELET,
RUE DE VAUGIRARD, 9.

MANUEL DU CHASSEUR

LOI SUR LA CHASSE
EXPLIQUÉE PAR LA DISCUSSION AUX CHAMBRES
LES INSTRUCTIONS MINISTÉRIELLES
ET LA JURISPRUDENCE

PRÉCÉDÉE

DE L'HISTOIRE DU DROIT DE CHASSE
DEPUIS L'ORIGINE DE LA MONARCHIE
ET DE L'EXPOSÉ DES PRINCIPES DE CE DROIT

PAR M. CHAMPIONNIÈRE
AVOCAT A LA COUR ROYALE DE PARIS

A PARIS
CHEZ VIDECOQ, PERE ET FILS
ÉDITEURS, PLACE DU PANTHÉON
ET AU BUREAU DU JOURNAL DES COMMUNES
rue d'Anjou-Dauphine, n° 6
1844

HISTOIRE ET THÉORIE

DU

DROIT DE CHASSE.

§ 1er.

Doctrine des anciens auteurs.

Quoi qu'en aient dit Pythagore, les brames indous et les magnifiques amplifications du philosophe de Genève, l'homme est un être naturellement carnassier; il doit tuer pour vivre, et se nourrir de chair et de sang. C'est la loi de son existence et de celle de presque tous les animaux. Le ciel les a faits pour se manger les uns les autres, et l'homme pour les manger tous, ou à peu près. Dans ce monde, le plus méchant est aussi le plus fort, et le bon ne semble né que pour lui servir de pâture; les plus innocentes créatures sont en même temps les plus faciles et les plus agréables à dévorer.

La chasse est le moyen que la nature nous a donné de remplir ce besoin sanguinaire ; pour l'espèce humaine comme pour les loups, les tigres et les crocodiles, c'est un sentiment inné ; chasser, pêcher, cueillir un fruit, sont trois actes identiques sous le rapport de leur cause, et qui remplissent de joie l'homme, que l'éducation n'a pas entièrement modifié ; il éprouve alors le plaisir d'un instinct satisfait ; quand le gibier tombe et s'abat devant lui, sa joie ressemble à l'ivresse, et n'a d'égale que celle de son chien, compagnon que le ciel lui a donné, chasseur comme lui.

Les légistes modernes, tant du droit civil que du droit canon, ont beaucoup et longuement discuté sur la chasse ; dans tout le travail qu'ils ont produit il n'y a rien à recueillir pour le perfectionnement de la science humaine ; on n'y trouve que des considérations absurdes, des rapprochements ineptes, des croyances superstitieuses, des conclusions étranges ; en un mot, de véritables niaiseries. Toutes ces doctrines puériles, cependant, ont un intérêt pour celui qui en trouve à étudier l'esprit humain dans ses aberrations et ses faiblesses, comme dans les admirables et puissantes acquisitions de son génie. Sous ce rapport, les opinions des docteurs du moyen-âge sur la chasse sont véritablement curieuses.

Les premiers qui paraissent s'en être occupés sont les jurisconsultes du droit canon ; ce sont principalement Angelus, Clavasius, Sylvester et le cardinal Joannis de Turrecremata[1]. Suivant l'usage scientifique de l'époque, ils ont distingué trois sortes de chasse.

La première est la chasse aux hommes, c'est-à-dire celle dans laquelle on se propose de tuer des hommes : *Cum vir nequam homines rapit, perdit et occidit.* On pourrait penser que ce genre de chasse ne fut usité que chez les anthropophages ; cependant les docteurs citent comme exemple le célèbre Nembrod, grand chasseur devant Dieu, qui tuait les hommes, mais ne les mangeait point ; du moins l'Écriture ne le dit pas.

Cette chasse, encore selon les docteurs, n'est permise à personne.

[1] *Vir eruditissimus,* à ce que nous apprend Ménochius, autre homme très-savant, mais moins ancien. (*De arbitrio judicis,* lib. II, casus 413.)

La seconde espèce est celle qui a pour objet le combat des arènes, dans laquelle l'homme lutte contre des animaux féroces pour la récréation du public. Elle était fort en usage au temps des Romains, mais tombée en désuétude au moyen âge, quoique Pépin-le-Bref nous en donne un exemple [1]. C'était, selon le cardinal de Turrecremata, un exercice noble et glorieux, quand on s'y livrait dans le seul but de montrer sa force ou son courage, mais vil et dégradant quand on s'exposait pour de l'argent. Le salaire a toujours avili l'action, au jugement des esprits magnifiques. Dans tous les cas, la jurisprudence canonicale l'interdisait tant aux clercs qu'aux laïques, à peine de péché mortel, s'il s'ensuivait mort d'homme : c'était l'avis du savant cardinal ci-dessus et de tous les Sommistes.

[1] La maison d'Apremont avait dans ses armes un lion abattu par un homme; et cette image faisait allusion à un fait de chasse du second genre, attribué à l'un des nobles ancêtres de cette maison. M. de Brissac, qui fut depuis maréchal de France, vainquit un lion en présence de Henri II, alors dauphin, et c'est, je crois, la dernière histoire de cette espèce qui nous ait été transmise. *Voy.* Salvaing, *De l'usage des fiefs*, chap. XXXVI.

La troisième espèce, enfin, était celle dans laquelle on se propose d'atteindre et de détruire les oiseaux et les bêtes sauvages. Sur le mérite de celle-ci, à laquelle seule nous donnons aujourd'hui le nom de chasse, les opinions étaient très partagées.

Suivant les uns, rien n'est plus noble que cet exercice, et ce qui le démontre c'est qu'au dire de Xénophon, il fut inventé par les Dieux, en même temps que les chiens; raison assez étrange assurément dans un ouvrage de droit canonique.

Cependant les docteurs l'interdisaient aux ecclésiastiques par ce motif très-déterminant, que pour chasser ils devaient avoir des chiens et des oiseaux, et par conséquent les nourrir des biens de l'Église, lesquels appartiennent aux pauvres: or, suivant la glose sur le chapitre d'Ésaü (qui était aussi un grand chasseur), il n'est pas bon de donner aux chiens le pain de ses enfants: *Non est bonum sumere panem filiorum et dare canibus.*

Par déduction logique, on leur permettait la chasse aux petits oiseaux, chasse qui se fait sans éclat, sans bruit et sans grande dépense [1].

Toutes ces règles, pour la plupart consacrées par les lois canoniques, régissent encore aujourd'hui les ecclésiastiques.

Quant aux laïques, la chasse du troisième genre ne leur était interdite que pendant le carême et les jours de jeûne [2].

Si des auteurs du droit canon nous passons à ceux du droit civil, nous trouvons les mêmes doctrines et la même divergence sur le mérite de la chasse proprement dite.

Pour les uns, c'est un exercice digne d'éloge, propre à fortifier le corps, à rendre les hommes souples et hardis, à les habituer aux dangers et à la fatigue, à les remplir d'audace et de valeur; c'était l'image de la guerre, et tout ce qui ressemblait à la guerre, dans ces siècles de meurtre et de désordre, et y préparait,

[1] Il en était de même de la pêche; mais, à l'égard de cet exercice, il existait une raison péremptoire dans l'exemple des Apôtres que Notre-Seigneur appela à lui pendant qu'ils pêchaient, et au besoin dans la pêche miraculeuse.

[2] Cæpola, *De servitutibus,* cap. XXI.

était une occupation noble et glorieuse. Dans tous les temps, d'ailleurs, l'homme a jugé belle et louable chose de tuer son semblable.

On peut à cet égard consulter la plupart des feudistes ; partisans des droits féodaux, ils enseignent l'opinion favorable à la chasse ; jusqu'au XVIe siècle, c'est toujours l'invention des Dieux, la représentation de la guerre, l'occupation des grands seigneurs [1] ; plus tard, les esprits moins mythologiques, moins belliqueux et moins héroïques, en prouvent la noblesse par son antiquité. Ainsi c'est un auteur du XVIIIe siècle qui s'exprime en ces termes :

Lorsque le premier homme fut tombé dans le péché, il se trouva dans la nécessité de défendre sa vie contre les bêtes sur lesquelles Dieu lui avait donné le commandement au moment de la création. Les exploits qu'ont faits ses descendants, en domptant et détruisant les animaux les plus cruels contre le genre humain, ont été les premiers titres de leur noblesse ; *d'où l'on peut tirer cette conséquence infaillible, que la chasse est le plus noble de tous les exercices* [2].

[1] On peut voir tous les jurisconsultes de cette époque cités et résumés par Tiraqueau, dans son traité *De nobilitate*.

[2] *Code des chasses*, Introduction, p. 1.

Et comme si ce n'était assez pour prouver les quartiers de noblesse du droit de chasse, le même auteur commence ainsi la théorie de ce droit qu'il expose : « Lors « de la création du monde et après le dé- « luge, toutes les choses que Dieu avait « créées, etc. »[1].

Quant aux ennemis de la chasse, ils étaient aussi très-nombreux ; c'était l'opposition du temps, et leurs clameurs ne s'adressaient directement à la chasse que pour réfléchir sur les chasseurs, leurs maîtres, et partant leurs ennemis ; on verra plus tard que cette aversion n'était pas sans juste cause.

« La chasse, » avait dit S. Jérôme, « art « détestable, et les chasseurs race odieuse : « *venatio ars nequissima, et venato-* « *res nefarium genus.* » Et saint Jérôme est cité par tous les docteurs du XVe siècle qui partageaient cet avis. « Le chasseur est « à peu près un boucher, » dit Chassanée, le vieux commentateur de la première coutume de Bourgogne : *a macellario parum differat venator*[2]. »

[1] *Code des chasses*, Introduction, p. 16.

[2] *In catalogo gloriæ mundi*, part. 2, cons. 49.

Pour résumer cette opinion, je transcrirai ici celle de Bouchel, avec son naïf langage et sa religion simple et crédule [1].

Cette chasse, comme témoignent plusieurs docteurs, a été inventée par Caïn, Lamech, Nembroth, Ismaël, Esaü, puissants veneurs devant Dieu, lesquels ont été tous pervers et vicieux, et ne trouvons point, par les Ecritures sacrées ou autres, que les Ismaëlites et Iduméens aient chassé qui n'avaient connaissance de Dieu. La chasse a pris son origine et commencement de ceux qui étaient naturellement tyrans, qui prenaient plaisir à répandre le sang, à tuer et faire carnage. Les Perses, les Thébains et les Troyens l'ont aimée et suivie; aussi étaient-ils sanguinaires et de léger courage. Mais les Lacédémoniens, plus graves et arrêtés, la haïssaient. Je ne dis pas que la chasse qui se fait par une commune utilité et nécessité ne soit bonne, comme de s'assembler pour aller à la louverie et chasse des animaux qui gâtent les troupeaux, les blés et les vignes. Méléagre en usa ainsi, quand il est allé à la chasse pour tuer le sanglier calidonien qui gâtait tout le pays. Romulus allait bien à la chasse des cerfs, non point pour plaisir, mais par nécessité urgente, afin de nourrir de venaison ses compagnons et lui qui étaient en disette. Les animaux les plus farouches, avant qu'on leur fît la guerre, étaient amis des hommes: car les lions ne voulurent nuire à Daniel; la vipère n'épandit son venin sur saint Paul; Hélie, prophète, fut nourri par un corbeau, Egide par une cerve; l'abbé Elin commanda à un âne sauvage

[1] *Bibliothèque du droit*, v° Chasse.

de porter le fardeau qu'il avait sur les épaules, et l'âne obéit; il commanda aussi à un crocodile de le passer un fleuve, et il le passa sain et sauve. Beaucoup d'hommes saints et religieux ont habité par les déserts sans redouter la fureur des lions, ours, tigres, dragons et autres animaux nuisants et de nature cruelle. Donc, la chasse est un art détestable et sanguinaire où il faut endurer tant de peines et de maux pour peu de plaisir.

La divergence n'avait point encore cessé parmi les jurisconsultes aux derniers temps de l'ancien droit, et les savants auteurs du *Répertoire* faisaient cette réflexion :

On voit en général que l'exercice de la chasse a été dans tous les siècles et chez toutes les nations, d'autant plus commun qu'elles étaient moins civilisées. Nos pères, beaucoup plus ignorants que nous, étaient beaucoup plus grands chasseurs [1].

§ 2.

Passion des Franks pour la chasse.

Nos pères, en effet, en supposant qu'il existe dans nos veines quelque partie de sang germain, étaient les plus grands chasseurs dont l'histoire fasse mention ; je pourrais en citer de nombreuses attestations empruntées aux légistes contempo-

[1] V° Chasse, p. 286.

rains de leurs hauts faits ; je rappellerai seulement ces vers d'un vieux poëte que Du Cange nomme Phillipus *Mouske :*

> Et nulles gens en tánt le mont;
> Si volontiers kacier ne vönt,
> Ne en rivière comme François
> Et orent fet toujours ainçois.

Ce qui nous apprend en même temps qu'ils étaient aussi grands pêcheurs.

Notre histoire est pleine de faits qui constatent cette passion chez les rois chevelus et leurs vaillants compagnons ; malheureusement pour nos pères, les témoignages en sont écrits, dans leurs annales, en caractères sanglants et pleins de ruines, de meurtres et de désolation ; nous l'allons montrer tout à l'heure. Mais, auparavant, des faits moins cruels doivent ici trouver leur place et faire la même justification.

C'est aux Franks que nous devons l'usage qui dure encore, d'attacher aux portes des châteaux les dépouilles des oiseaux sauvages ou des bêtes fauves ; ce que le poëte Manile exprime ainsi :

> *Hoc studium postes ornare superbos*
> *Pellibus, et captas domibus configere prædas.*

Une telle marque n'appartenait qu'aux hommes puissants et en témoignait suivant l'adage : grand seigneur, grand chasseur.

Charlemagne s'exerçait tous les jours à la chasse, à ce que rapporte Eginhard, et il y conduisait ses enfants, suivant l'usage de sa nation ; car, dit cet historien, on ne trouve pas sur la terre un peuple qui puisse égaler les Franks dans l'art de la chasse : *Quia vix ulla in terris natio invenitur, quæ in hac arte Francis possit æquari.*

Rarement voyait-on, au moyen âge, un gentilhomme ou une *gentilfame* sortir sans un oiseau sur le poing. Abbon raconte que lors du siége de Paris par les Normands, douze gentilshommes français étant investis dans la grosse tour du Petit-Pont, où les assiégeants mirent le feu, ôtèrent les longes à leurs oiseaux et leur donnèrent l'essor avant de mourir.

De là vient que le chien ou le faucon étaient le symbole de la noblesse, comme la roue d'une charrue l'était de la roture. Salvaing cite plusieurs auteurs qui font connaître que, d'après une ancienne coutume, le noble faisant amende honorable portait un chien sur ses épaules, le domestique, une chaise (percée), et le paysan une roue : *Si quis, nobilis, ministerialis, vel colonus, reus inventus fuerit, ad confusionis suæ ignominiam, nobilis canem, ministerialis sellam, rusticus aratri rotam gestare cogatur* [1].

C'est sans doute aussi par cette raison que sur les tombeaux des grands seigneurs nous voyons des limiers, des lévriers ou des lions (quoique Salvaing fasse observer que ce dernier usage vient plutôt de ce qu'Hercule fit faire à son doigt coupé par le lion de Némée un tombeau sur lequel il plaça l'animal vaincu). Charles de Montmorency institua l'ordre des chevaliers du Chien, dont il orna le collier d'une tête de cerf, signifiant alors la noblesse, à raison de la chasse dont ces deux animaux sont l'emblème.

Les Capitulaires de Charlemagne nous apprennent que le serment de ses barons était prêté sur une épée et un faucon.

Enfin on cite cinq princes de race germaine, qui furent auteurs de traités sur la chasse, où les droits des chasseurs furent

[1] Salvaing, *De l'usage des fiefs*, chap. XXXVI.

savamment examinés, en même temps que les moyens de les exercer : le premier est de Frédéric Ier, empereur ; le second, de Mainfroi, roi de Sicile ; le troisième, de Phœbus, comte de Foix ; le quatrième, de Bellisaire Aquaviva, duc de Nérite ; enfin le cinquième est du roi Charles IX, le même que les historiens accusent d'un fait de chasse du premier genre, au jour de la Saint-Barthélemy.

Grégoire de Tours, liv. X, chap. II, raconte que le roi Gontran chassant dans la forêt de Vaugêne, en Bourgogne, trouva un buffle tué récemment ; le garde de la forêt accusa de ce meurtre le chambellan du roi, auquel il fut enjoint d'avoir à prouver son innocence, par le duel judiciaire. Le chambellan fournit son neveu pour champion ; celui-ci renversa son adversaire d'un coup de lance, mais comme il s'approchait de lui pour lui couper la tête, il reçut dans le ventre un coup de couteau et mourut sur la place. Le crime du chambellan étant ainsi rendu manifeste, le roi le fit attacher à un poteau et lapider, ce dont il eut grand regret quelques jours après. C'est le premier exemple de duel judiciaire qui soit connu.

Un historien anglais qui vivait vers l'an 1121 nous apprend que cinquante gentilshommes, qui passaient pour riches, furent accusés devant le roi Guillaume II d'avoir tué quelques cerfs dans ses forêts, et qu'ayant nié le fait, ils furent condamnés à subir l'épreuve du fer ardent, qui consistait à faire entrer sa main dans un gant de fer rouge; mais la justice de Dieu, dit l'historien, fit paraître leur innocence et leurs doigts ne furent aucunement brûlés.

Je pourrais multiplier les récits judiciaires qui constatent le grand goût des nobles Franks, pour l'exercice de la chasse; mais c'en est assez pour expliquer les événements et les usages qui constituèrent le droit de chasse, sous les deux premières races, et jusqu'au XIVe siècle. C'est aux faits que se rattache le droit, et il en découle; on aurait difficilement l'intelligence du droit qui s'établit, si l'on perdait de vue la passion dominante de ceux qui furent pendant dix siècles les maîtres et les oppresseurs du sol et des populations de notre pays.

§ 3.

Du droit de forêts.

Les droits de chasse, abolis en 1789, remontent à l'origine première de la féodalité et en ont subi toutes les vicissitudes; leur établissement se rattache à la conquête même de la Gaule romaine, par les nations barbares; leur histoire est celle de l'oppression sous laquelle nos pères ont vécu; leur destruction est l'œuvre de cette grande révolution qui renversa de fond en comble des institutions plus odieuses par les souvenirs que par les abus réels, pour les remplacer par une constitution d'une seule pièce, faisant d'un vieux peuple un peuple neuf, et d'un amas de débris un édifice nouveau.

Peut-être n'existe-t-il pas dans les événements qui composent notre histoire, un seul fait qui retrace et caractérise plus fidèlement le pouvoir seigneurial dans sa puissance, dans son affaiblissement et dans sa chute.

Rien, peut-être, mieux que l'étude de la jurisprudence et de la législation du droit de chasse, ne peut nous apprendre ce que c'était qu'un seigneur, chose inconnue à la génération présente, comme l'est un capucin, et comme lui, existence inutile et gênante, dont le temps était accompli depuis deux siècles, au jour qui les a détruits.

On a vu que de tous les peuples qui envahirent successivement le sol de la Gaule, il n'y en eut point qui fût plus passionné pour la chasse que les Franks; ces barbares ne semblaient avoir quitté leurs régions sauvages que parce que le gibier commençait à manquer; leur premier soin, après s'être emparé du territoire de nos aïeux, fut de consacrer de vastes emplacements à leur goût dominant.

Ne croyez pas que ces emplacements ressemblassent à ces arpents entourés de murs, qui sous le nom de parcs renferment aujourd'hui quelques douzaines de lapins, et n'en causent pas moins de vifs plaisirs et d'envieux soucis; ils s'emparaient d'un territoire tout entier, et, sans s'occuper du sort des habitants, ils le peuplaient d'animaux de toute espèce, avec défense expresse de les repousser ou de les détruire. [illegible] le gibier de ces lions chasseurs

> Ce [illegible]t pas moineaux,
> [illegible]ns sangliers, daims et cerfs bons et beaux;

c'étaient même des ours, des loups, des buffles, des taureaux sauvages, et autres voisins féroces qui ne permettent guère le calme et la sûreté qu'exige la culture des champs; aussi les laboureurs abandonnaient leurs terres et leurs récoltes, désertaient leurs habitations, et le pays destiné aux plaisirs du nouveau maître se convertissait en solitude et se couvrait promptement d'arbres et de broussailles.

Ces terrains consacrés à la chasse étaient désignés sous le nom de *forêts*, d'un mot germain qui signifie *défense*, et exprimait l'interdiction d'y chasser. Pendant longtemps ce mot figure dans nos chartes sous la forme latine de *foresta*, *foreste*, *forestis*; on disait *inforestare*, *afforestare*, pour faire une forêt; *déaforestare*, pour la détruire et rendre les terres au pâturage ou à la culture; *reaforestare*, pour rétablir celle qui avait été abandonnée; *forestagium*, *forestaria*, *forestarium*, pour le droit de celui qui en jouissait. Ce grand nombre de termes, leur constitution grammaticale et leur création complète, pour exprimer toutes les vicissitudes d'un fait aussi terrible et aussi dévastateur, prouvent évidemment que ce fait était fréquent, car son nom n'a pu passer dans la langue des peuples désolés sans qu'il fût passé dans leurs habitudes de souffrance et d'oppression.

Les historiens nous ont conservé la procédure légale qui précédait cette dévastation lorsque l'usage l'eût régularisée. Je traduis Spelman :

« Un ordre du roi désigne quelques hommes notables et habiles, qui fixent le lieu où la forêt sera établie, le parcourent et le désignent par des limites apparentes. Ce préliminaire accompli et constaté dans les registres de la chancellerie (telle qu'elle existait alors), le roi, par l'organe d'un magistrat, proclame forêt et soumis aux lois des forêts, le lieu ou l'espace (*regiunculam*) déterminé, par tout le comté où il est situé. Il interdit à toute personne d'avoir l'audace d'y chasser sans la permission de Sa Majesté; le lieu est dit *afforesté*, et est régi comme toutes les autres forêts. Ensuite on nomme des officiers et des gardes dont les fonctions sont déterminées par la loi ou par la coutume. »

Ce que le roi faisait dans les terres soumises à son pouvoir, les principaux des armées germaines l'avaient fait dans le territoire qui leur avait été dévolu ou dont ils s'étaient emparés. L'histoire et la tradition sont pleines de faits de cette espèce, et les immenses forêts qui couvraient le sol de la France avaient, pour la plupart, cette origine. Les portions conquises par les Visigoths et les Bourguignons, moins déterminés chasseurs que les Franks, n'eurent pas autant à souffrir de ce terrible résultat de la conquête; les forêts y furent moins nombreuses que dans les régions du Nord, où l'immense étendue des terrains enlevés à la culture, non moins que la maxime, *Nulle terre sans seigneur,* témoignent d'une oppression plus violente et d'une usurpation plus complète.

En Normandie, une seule forêt envahit trente paroisses; les habitants résistèrent longtemps; ce fut la cause des révoltes qui ensanglantèrent ce pays jusqu'au XIIe siècle. Un écrivain contemporain nous a laissé le récit suivant, qui caractérise mieux que toute réflexion la nature et les effets des inforestations :

Tandis que le jeune duc Richard abondait *en vertu et honnêteté*, il arriva que, dans son duché de Normandie, s'éleva une semence de discordes pestilentielles. Car, dans toutes les diverses contrées de la patrie normande, les paysans se rassemblèrent et résolurent unanimement de vivre librement, déclarant que, sans s'embarrasser de ce qu'avait défendu le droit établi sur les terres constituées en forêts et sur la jouissance des eaux, ils se gouverneraient suivant ce que leurs lois leur attribuaient. Et pour qu'elles fussent confirmées, chaque troupe de ce peuple furieux élut deux envoyés qui devaient se réunir en assemblée générale au milieu des terres pour y ratifier ces lois. Lorsque le duc apprit ces choses, il envoya aussitôt vers eux le comte Rodolphe avec une multitude de soldats, pour comprimer cette férocité agreste, et dissiper cette assemblée rustique. Celui-ci, ne tardant point à obéir, s'empara de tous les envoyés et de plusieurs autres, et, leur ayant fait couper les pieds et les mains, il les renvoya hors de service aux leurs, afin qu'ils les détournassent de pareille chose, et que, par leur expérience, ils les rendissent prudents, de peur qu'il ne leur arrivât pis. Les paysans, instruits de la sorte, et renonçant sur-le-champ à leurs assemblées, retournèrent à leurs charrues [1].

La forêt Nantaise, qui couvrait la plus grande partie du duché de Retz, avait la même source [2]; établie sur les ruines de nombreux villages, longtemps elle en a caché les vestiges, et la tradition n'était pas seule à en conserver le souvenir. Celui qui écrit ces lignes a chassé, dans sa jeunesse, sur les restes de cette forêt, et, dans des lieux où le bois était rare, il a pu observer les traces des cultures dévastées; la

[1] Guillaume de Jumiéges, liv. V, chap. 2.
[2] Trervas, *Histoire de Nantes*.

forme des sillons ou des planches de vignes, que la terre avait reçue du laboureur expulsé, semblait s'être maintenue à l'abri des bruyères pour rappeler un droit violemment anéanti et une vengeance à venir. Aujourd'hui la vengeance s'est accomplie, injuste et cruelle comme toutes celles qui se font longtemps attendre ; la hache a frappé dans leurs successeurs et les bois et les maîtres qui les avaient fait pousser ; il n'existe plus dans ces lieux, ni forêt, ni seigneurs ; les sillons gaulois se sont effacés sous de nouvelles cultures tracées par une main dégagée de la servitude ; la terre et la liberté produisent d'admirables récoltes après une jachère de douze cents ans.

Dans des temps plus rapprochés de nous, des conquérants, également barbares et de même race que les Franks, ont renouvelé les mêmes dévastations : les Normands couvrirent l'Angleterre conquise de leurs forêts ; les descendants de Guillaume le Conquérant en établirent une sur trente-six paroisses dans un lieu, sur vingt-deux dans un autre, sur cinquante-deux dans un troisième : « Dans tout l'es-« pace compris entre Southampton et le

« prieuré de la Wrine, disent les his-« toriens, les populations furent mises « en fuite, et les villages, les églises, « les manoirs et les masures abandon-« nées et dévastées ; la forêt nouvelle fut « peuplée de cerfs, de daims et d'au-« tres bêtes sauvages qu'on y laissa croî-« tre pendant sept ans, dans l'intérêt de « la chasse [1]. »

Les peuples poussaient des cris de détresse par la voix du clergé leur défenseur et leur organe ; les écrivains ecclésiastiques présentèrent comme un juste châtiment du ciel, la mort de Richard, frère de Henri, assassiné par un de ses officiers dans une partie de chasse, et celle de Henri, petit-fils du conquérant, qui, accroché par des branches en poursuivant un sanglier, périt à la manière d'Absalon. « De notre temps, « s'écriait Jean de Salisbury, nous avons « vu la fureur de ces désastres modérée par « des miracles nombreux et variés, signa-« lant l'indignation du ciel, à l'égard des « hommes qui nous commandent ; ceux « qui vivent comme des bêtes sauvages « ont péri comme des bêtes sauvages. La

[1] Knighton, cité par Du Cange, v° *Foresta*.

« main de Dieu n'a point épargné les rois « et a exercé contre leur méchanceté une « vindicte glorieuse et méritée [1]. »

Que l'on joigne à ces désastreuses spoliations les châtiments atroces infligés aux infracteurs des prohibitions seigneuriales, et dont nous parlerons plus tard, et l'on concevra facilement les imprécations des pères de l'Église contre la chasse et les chasseurs : la chasse, *ars nequissima*, les chasseurs, *nefarium genus*; les saints écrivains ne devaient pas être seuls à maudire cette passion si funeste aux vaincus. La mémoire des maux qu'elle a causés suffirait pour faire naître et pour conserver ces haines traditionnelles, si vives, si durables, et dont nous subissons encore l'impression alors même que les hommes qui les ont semées et leur race elle-même a disparu. Les populations n'ont pas de souvenir plus odieux que celui du droit de chasse que les seigneurs s'étaient arrogé, et nous verrons plus tard que ces droits avaient cessé d'avoir, depuis des siècles, le caractère de vexation qu'on leur

[1] Du Cange, *Ubi sup.*

supposait encore, lorsque les lois abolitives de la féodalité les ont abrogés.

Le droit d'établir une forêt ne pouvait évidemment être exercé que par le seigneur d'un vaste territoire, assez puissant pour en détruire une partie de la population et se passer des revenus que les possessions converties en forêts pouvaient lui produire. D'ailleurs ce droit eût bientôt dépeuplé le royaume et compromis l'existence même des conquérants. Aussi l'établissement de forêts nouvelles fut-il promptement interdit ; des capitulaires défendirent d'en instituer sans l'autorisation du roi, et les recueils des lois françaises des deux premières races contiennent un assez grand nombre de dispositions ayant pour objet la destruction de forêts récemment établies. Mais les anciennes et toutes celles qui existaient depuis un temps immémorial furent maintenues ; les droits des propriétaires envahis furent oubliés ; celui du seigneur fut converti en propriété, faute de concurrent ; cependant les traces des droits primitifs ne furent jamais complétement effacées ; les fastes judiciaires de toutes les époques présentent les habitants riverains des forêts, en procès avec les seigneurs, à raison de prétentions sur le sol, plus ou moins prochaines de la propriété. Dans tous ces litiges, les habitants articulent une usurpation dont ils ne peuvent clairement justifier ; le plus souvent c'est un souvenir traditionnel, et des lois nombreuses de l'ancien régime en ont partagé la pensée. Sans doute là n'est pas la source de tous les droits d'usage existants dans les forêts, mais c'est celle d'un grand nombre que l'on a perdus de vue et dont l'observation nous conduirait hors de notre sujet. Il est plus d'un procès pendants encore aujourd'hui devant nos tribunaux, dont la cause première remonte à l'amour de la chasse, et qui n'aurait point lieu si les Franks, nos anciens maîtres, n'eussent été les plus terribles et les plus déterminés chasseurs dont l'histoire fasse mention.

§ 4.

Du droit de garenne.

Les petits seigneurs imitèrent les grands autant que leur condition le leur permit ; ils ne pouvaient comprendre dans le territoire qu'ils voulaient consacrer à la chasse, des paroisses au nombre de trente et même de cinquante; ils ne pouvaient pas non plus les peupler d'ours, de buffles et de sangliers; mais ils établirent de petites forêts dans lesquelles ils comprirent quelques paroisses, ou quelques manoirs ou domaines, et les remplirent d'animaux plus petits, moins dévastateurs et pouvant vivre ailleurs que dans les bois.

Ces petites forêts reçurent le nom de *Garennes;* mot également germain, comme celui de presque tous les droits seigneuriaux, ce qui nous en indique clairement l'origine étrangère, et signifiant, de même que celui de forêt, la défense ou l'interdiction de chasser.

Garenna ou *Warenna, id est parva forestis*, était une localité dans laquelle le seigneur s'attribuait le droit de chasser et interdisait à toutes personnes, et même aux propriétaires, de détruire le gibier; cette localité consistait souvent en prés, vignes, jardins, terres labourables; on conçoit tout le tort que pouvaient causer aux récoltes, soit les animaux qui y pullulaient, soit le seigneur lui-même quand il y chassait.

Les animaux de garennes étaient les lièvres, les lapins, les renards; et même une charte d'Édouard III, roi d'Angleterre, y comprit, après avoir pris l'avis des barons et de tous les grands de son royaume, les chevreuils, qui furent ainsi autorisés à brouter librement les récoltes du vassal, de l'hôte et de toute espèce d'autres propriétaires enclavés dans la justice seigneuriale, vilain, manant, libre ou serf.

Parmi les oiseaux on ne comptait que les perdrix et les faisans, que par un vestige de cette jurisprudence l'ancienne coutume de Normandie, chap. 10, nomme *francs oiseaux*, comme pour dire oiseaux appartenant aux Franks.

On ignore comment s'exerçait le droit de garenne jusqu'à l'époque de saint Louis; les monuments judicaires nous montrent alors les vassaux en différends presque permanents avec leurs seigneurs. Il est à croire que jusque-là il s'exerçait comme tous ceux des VIIIe au XIe siècles, à la pointe de l'épée; la pratique du droit, dans ces temps de désordre et d'anarchie, ne pouvait avoir un autre caractère que la justice qui le consacrait; c'était une bataille perpétuelle; après s'être battu pour obtenir jugement, il fallait encore se battre pour le faire exécuter.

L'établissement d'une forêt, soutenu du pouvoir qui l'instituait et de la présence des bêtes féroces qui la peuplaient, expulsait les habitants ou les faisait périr; dès lors le droit de chasse qu'elle avait pour objet, pouvait s'exercer paisiblement; il n'en était pas ainsi du droit de garenne: les propriétaires demeuraient sur leurs terres, continuaient de les cultiver, et ne subissaient qu'un dommage plus ou moins grand; la résistance première était donc incessante, et le droit du sujet opprimé pliait sans se rompre et tendait constamment à se relever. Plus celui-ci était fort et puissant, plus le droit du seigneur était réduit; il fallut plus d'une fois transiger avec le vassal militaire ou avec la communauté religieuse, soutenue par l'évêque ou par le comte.

Sous saint Louis, la jurisprudence nous apporte de grands éclaircissements sur cette matière: les *Établissements* nous apprennent que la garenne était devenue un droit seigneurial, d'après la règle féodale, *ex facto nascitur jus,* consacrée par la coutume et dont la violation était réprimée par des amendes ou même par la perte du fief. Le registre des *Olim* contient de très-nombreux arrêts sur l'existence, la prétention, l'illégitimité de garennes litigieuses; de droit commun, tout possesseur, vassal, seigneur, hôte, ou colon avait le droit de chasser sur sa terre; ce droit s'appelait *jus chaciandi;* il s'exerçait de toute manière: à cor et à cris, *cum cornu et clamoribus,* à pied, à cheval, avec l'arbalète, ou au moyen d'engins, aux chiens ou à l'oiseau; c'était la règle générale. Par exception, le seigneur haut-justicier, s'il avait droit de garenne, *jus garennæ,* sur les terres de ses vassaux, y pouvait chasser seul, et ceux-ci étaient obligés non-seulement de le laisser faire, mais encore il leur était interdit de mettre obstacle à sa chasse, ou de nuire en aucune façon à la multiplication du gibier, même pour défendre les fruits de leurs possessions, quelle qu'en fût la nature, et en toute saison.

Tout établissement de nouvelles garennes était interdit, si ce n'est du consentement des vassaux, et avec l'autorisation du roi, ou du baron; et sans doute, dans ces conditions, il s'en établit fort peu.

Toute garenne exercée devait être justifiée par une possession immémoriale, et la plupart des procès ont pour objet la question de durée ; celle pour laquelle le prétendant droit ne prouvait pas une jouissance d'au moins trente ans était anéantie : *Cadat garenna*, dit l'arrêt.

Les plaideurs étaient, d'une part, le seigneur justicier : cette circonstance est remarquable en ce qu'elle témoigne que le droit de garenne remontait nécessairement, au moins dans l'hypothèse de la coutume, au système des seigneuries primitives dans lesquelles le seigneur était un chef de clan, exerçant son pouvoir sur un territoire à lui attribué par la conquête, répondant devant le comte de ses hommes, et par conséquent ayant le droit de les justicier.

D'autre part, c'était tous les hommes qui vivaient sous la domination du possesseur de la haute justice, savoir : le seigneur féodal, les communautés religieuses, les habitants appelés *homines, vassi, hospites*, c'est-à-dire, tous les propriétaires du domaine utile, sans qu'on trouve aucune distinction relativement au droit de chasse, dérivant de la qualité de noble ou de roturier, de clerc ou de laïque.

Le plus souvent les vassaux articulaient comme cause de la possession exercée par le seigneur, la violence et l'abus de pouvoir ; quelquefois ils en expliquent les circonstances, et les faits qui les constituent jettent un jour curieux sur les misères des populations, et le genre des vexations contre lesquelles elles avaient à lutter.

Les moines sont fréquemment au nombre des parties, et l'on voit qu'à cette époque, ils tenaient considérablement à l'exercice de la chasse et à ses produits, soit comme *jus garennæ,* soit comme *jus chaciandi.*

On remarque une haute impartialité dans les décisions des magistrats ; et les grands, même le roi, représenté par ses officiers, perdent très-souvent leurs procès.

C'était au surplus une politique habile que ce recours offert aux populations, contre le pouvoir de leurs seigneurs ; les vassaux y recouraient avec empressement, mais souvent les seigneurs se laissaient condamner par défaut, ne reconnaissant pas à la royauté naissante l'autorité qu'elle s'arrogeait en se plaçant entre eux et leurs sujets ; c'était une dérogation menaçante à la règle essentielle de la féodalité : « Entre le seigneur et son vi « lain il n'y a de juge, fors Dieu. »

Aussi le droit de garenne, qui ne pou

vait subsister qu'entre le vainqueur et le vaincu, et sur des terres maintenues à l'état de conquête, tirait à sa fin.

Les rois comprirent que pour anéantir le pouvoir seigneurial, il fallait l'attaquer dans ses droits les plus odieux, comme étant les plus faciles à ébranler; que rien d'ailleurs ne pouvait déterminer plus efficacement l'abolition du droit de garenne que la renonciation qu'ils y feraient eux-mêmes. Les successeurs de saint Louis rendirent de nombreuses ordonnances, prescrivant la destruction des garennes nouvelles ; ces ordonnances se succédèrent presque d'année en année pendant le XIVe siècle, et une guerre aussi rude dut entraîner la ruine de plus d'une garenne légitimée par la possession trentenaire. Philippe le Long, Louis le Hutin, et Philippe le Bel affranchirent leurs sujets des droits de garenne dans un grand nombre de localités soumises à leur droit seigneurial; deux d'entre eux en firent une clause testamentaire *pour la rémission de leurs péchés.*

Les seigneurs inférieurs ne pouvaient se dispenser de suivre cet exemple; aussi les recueils d'actes de l'époque sont remplis de concessions de cette nature.

Deux causes concoururent en outre à l'abolition des garennes.

La première fut les croisades; cette bienheureuse manie d'aller combattre les infidèles délivra nos pères de la terrible présence des races germaines; ces vaillants guerriers allèrent exercer leur humeur belliqueuse dans les champs de l'Afrique et de l'Asie; une multitude de ces héros y succombèrent sous la peste et le fer des Sarrasins; ceux qui en revinrent, ayant fait la guerre à leurs dépens, se trouvèrent ruinés; les uns vendirent leurs manoirs ou leurs justices; d'autres les droits de leurs seigneuries; le registre des *Olim* constate un assez grand nombre de rachats de droits de garenne, consentis pour fournir aux besoins des croisades et notamment à la guerre des Albigeois.

La seconde cause d'extinction de ce droit, et la plus puissante peut-être, fut l'influence des légistes; la justice est le besoin le plus urgent de toute société qui s'organise, et il ne saurait y avoir de justice sérieuse, sans règles fixes et indépendantes des impressions du magistrat. Les jurisconsultes qui succédèrent aux juges du camp, lorsque les preuves de droit succédèrent au combat judiciaire, demandaient vainement ces règles aux coutumes qui n'avaient pu acquérir qu'une fixité bien chancelante au milieu du chaos de la féodalité; ils se rejetèrent avec empressement sur les décisions du droit romain, étrangères sans doute au plus grand nombre des droits issus du régime seigneurial, mais offrant une multitude de principes admirablement déduits, vrais sous toutes les législations et applicables à toutes les justices.

Ce fut surtout aux principes de liberté qu'ils s'attachèrent, car les populations, exaltées par l'oppression et les souffrances de la servitude en étaient altérées; un violent mouvement de réaction se manifestait dans tous les esprits; tout ce qui pouvait y concourir était favorablement accueilli. Les jurisconsultes ne tardèrent pas à découvrir, dans les enseignements de Justinien, que la chasse est une faculté qui appartient à tous les hommes, qu'ils tiennent du droit des gens, et qu'en conséquence personne ne peut leur ravir. Le texte était fécond; le cardinal d'Hostie, le premier, paraît avoir, dès le XIIIe siècle, traité, dans ses écrits, la question de savoir si les défenses que faisaient, dans le territoire de leurs justices, les seigneurs à leurs sujets de chasser sur leurs terres, étaient légitimes ; il ne craignit pas de décider la négative ; un siècle plus tard, la solution avait fait le tour de l'Europe féodale, et tous les jurisconsultes l'avaient reproduite. Malgré la distinction et les modifications que le fait et la coutume rendaient nécessaires, ce fut un principe admis, que le droit de chasse appartenait à tous, et que l'interdiction au profit de quelqu'un ne pouvait résulter que d'un commun accord, prouvé par acte ou supposé par la coutume.

Un pareil principe, si contraire aux croyances sous lesquelles on vivait depuis trois siècles, en ébranlait bien d'autres ; les seigneurs comprirent que l'instant était venu de réaliser leur pouvoir en monnaie courante et de tous les temps; ils se mirent à vendre à leurs sujets tout ce que ceux-ci voulurent bien leur racheter, ils vendaient aux serfs la liberté, la remise des charges personnelles, des corvées, des droits de mainmorte, de for mariage ; aux bourgeois des villes, le droit de commune, et l'exemption de tailles; aux villageois la promesse de sauvegarde, c'est-à-dire, la garantie contre leurs vexations; aux propriétaires d'alleux, l'obligation du service militaire; aux propriétaires de fiefs, le droit de transmission et l'investure, moyennant le paiement des lods et ventes; le droit de bail, moyennant le relief, etc.; partout et dans tous les cas, le droit seigneurial se convertit en une redevance en argent ou en denrées, bien et dûment constatée par acte authentique, signé et rédigé dans des formes nouvelles inconnues à leurs ancêtres : c'était la féodalité qui cessait son commerce et vendait son fonds.

Ainsi les droits de garenne de chasse disparurent de nos institutions; lors de la rédaction des coutumes, au XVIe siècle, il n'en subsistait que deux : l'une, célèbre, connue de tous, et qui n'a cessé d'exister qu'en vertu de la loi du 3 mai 1844, art. 30, était celle du comte de Paris, devenue celle des rois de France, désignée sous le nom de *plaisirs du roi*, établie autour des forêts royales, comprenant les propriétés enclavées ou riveraines ; l'autre était celle du comte d'Artois, sur le territoire de Hesdin, constatée par la coutume locale, à laquelle on peut recourir si l'on veut connaître très-exactement la nature et l'étendue du droit de garenne ; abolie d'ailleurs par la loi de 1789, avec tous les droits seigneuriaux.

§ 5.

Des garennes dans le droit nouveau.

Une fois le vassal, le vilain et le manant en possession du droit de chasser librement, ils en firent un usage abusif; le braconnage prit naissance, et à une époque où les moyens de police étaient faibles et presque nuls, les désordres qui en résultèrent furent désastreux. Sous prétexte de détruire les bêtes sauvages, les ouvriers des villes quittaient leurs ateliers, les laboureurs abandonnaient leurs travaux; le vol et le pillage s'organisèrent ; des bandes armées, masquées ou déguisées, parcoururent les campagnes, les récoltes eurent plus à souffrir de ces nouveaux chasseurs, sous ce nouveau régime, que du seigneur et de son gibier avant l'abolition des garennes.

Le principe de la propriété, comme

élément du droit de chasse, fut longtemps à se faire reconnaître au milieu de ce désordre ; la liberté avait été trop longtemps et trop violemment opprimée pour ne pas produire un mouvement exagéré de réaction. Le vassal, non content de chasser sur les terres dont il avait le domaine utile, appliqua dans toute son étendue le principe de Justinien, qu'il est permis à chacun de chasser en tous lieux.

Les seigneurs, dépouillés de leurs garennes, cherchèrent un moyen de conserver le gibier et de le mettre à l'abri des chasseurs de toute espèce ; dans leurs terres, autour de leurs habitations, ils construisirent des enclos où ils élevèrent des animaux de chasse et principalement des lapins. Ces enclos, déjà connus sous le nom de *leporaria*, ou *vivaria*, reçurent généralement celui de *buissons à connils* ou *conniens*, ce dernier mot désignant l'animal que nous appelons aujourd'hui lapin.

Mais la signification générique du terme de garenne leur fut également appliquée ; cette expression n'était pas employée seulement pour indiquer la défense de chasser dont nous avons parlé tout à l'heure, elle comportait toute sorte d'empêchements. Ainsi l'on appelait garenne aussi toute pièce de terre entourée de fossés; cette dénomination était conforme à la règle du droit, recueillie par Loysel, « qui clôt, « garde, empêche et défend. » Quiconque habite les départements de l'Ouest, où les champs sont généralement clos, trouve une confirmation de cette règle dans le grand nombre de pièces de terre qui portent encore le nom de *garne* ou garenne [1].

Les *conninières*, ou *buissons à connils*, prirent donc la dénomination de garenne, et faillirent succomber sous ce nom, qu'un grand coupable avait porté. On invoqua les règlements qui prohibaient les garennes nouvelles et permettaient à chacun d'y détruire le gibier. En conséquence, le vassal interdit à son seigneur le droit d'avoir des conninières, et mangea ses lapins.

[1] C'est le même mot, ainsi que l'attestent les anciens titres où il est écrit indifféremment des deux manières : le premier représente la prononciation régulière et primitive du mot *waren* ou *garen*, qui porte encore aujourd'hui, dans la langue allemande, la même signification, et dont nous avons fait *garde*, en basse latinité *wardia* ou *gardia*.

La puissance des mots est grande ; quoique assurément il y eût loin des garennes du droit ancien aux garennes du droit nouveau, on les confondit dans l'application des lois et des conventions abolitives, et lors de la rédaction des coutumes aux 16e et 17e siècles, il fut presque partout interdit aux seigneurs d'avoir dans leurs terres des buissons à lapins, garennes ou conninières. Près de trente coutumes contiennent des dispositions à cet égard, et l'interdiction fut le droit commun de celles qui gardaient le silence. Dans la plupart de ces dispositions on ne retrouve qu'un souvenir confus des véritables garennes ; déjà les légistes ont perdu de vu l'objet des réglements qu'ils invoquent. C'est un des caractères frappants des jurisconsultes de cette époque, que l'oubli des éléments historiques du droit, éléments dont pourtant ils étaient encore voisins, mais qu'ils prenaient à tâche d'écarter plutôt que de rappeler [1].

La rigueur des lois royales à l'égard des garennes offrait cependant quelque chose

[1] La coutume de Meaux exprime d'une manière remarquable la différence existant entre la garenne et le buisson à connils.

de peu ordinaire, en supposant qu'il fallût les appliquer à de simples buissons à lapins; il était difficile de comprendre comment un objet d'aussi peu d'intérêt avait pu causer des plaintes si générales et des soulèvements de populations, motiver une série non interrompue d'ordonnances, figurer dans les testaments des rois, comme un moyen de salut, et donner lieu à des transactions importantes dans lesquelles les vassaux se rachetaient du droit de garenne par des redevances perpétuelles et très-onéreuses. Mais ce n'était pas l'usage alors de demander l'explication du droit aux faits contemporains; on préféra rechercher celle de la législation des garennes dans les ouvrages des Romains, poëtes, historiens ou légistes, peu importait alors, ils jouissaient tous d'une même autorité. Ce fut une véritable bonne fortune pour les jurisconsultes que la découverte d'une anecdote sur les lapins, dans les écrits de Pline le naturaliste; cette histoire ou plutôt ce conte leur parut une merveilleuse interprétation des ordonnances de nos rois. Je ne puis me refuser à la transcrire; il n'est pas un feudiste, depuis Boërius qui paraît l'avoir racontée le premier, jusqu'aux savants auteurs du *Ré-*

pertoire de jurisprudence, publié en 1788, qui ne le rapporte ou en fasse mention :

« M. Salvaing, dit Lapoix Fréminville, rapporte, d'après Pline, que les lapins affamèrent tellement les îles Baléares, que les peuples de ces îles furent obligés de demander à l'empereur Auguste des gens de guerre pour les détruire, lequel leur envoya des chats d'Afrique (des furets)... Salvaing *assure* que cette quantité prodigieuse de lapins n'était provenue que d'un mâle et d'une femelle qui avaient tellement produit que les maisons et les arbres en avaient été renversés. *En sorte* que ces animaux étant extrêmement nuisibles, *nos rois n'ont permis l'établissement des garennes...* »

Les malheureux lapins virent donc s'accumuler sur leurs têtes toutes les haines que le droit de garenne avait suscitées. Un événement également recueilli par les feudistes vint accroître le danger de leur position : « Nous avons vu, depuis peu, dit Sanx-« tion, qui écrivait vers 1609, que pour re-« mettre le bois de Boulogne et le parc de « Madrid en nature, on a été contraint de « détruire la garenne à connils qui y « était et receper le taillis et revenu de « l'âge de 12 années qui avait l'écorce « rongée tout autour de deux à trois pieds « de haut. » Alors une guerre acharnée leur fut déclarée ; un arrêt du parlement du

5 mai 1614 permit à toutes personnes, même à celles qui, comme nous le dirons tout à l'heure, ne jouissaient pas du droit de chasse, de prendre et chasser les lapins sur leur terre en roture.

Enfin, l'ordonnance de 1609 enjoignit aux officiers de chasse de faire, dans les six mois, fouiller et renverser tous les terriers des lapins qui se trouvaient dans les forêts royales, à peine de 500 livres d'amende et suspension de leur charge.

Quoi qu'il en soit de cette grande injustice, le droit de garenne avait changé d'objet; ce n'était plus, à proprement parler, un droit seigneurial établi sur des sujets, pesant sur leurs terres et opprimant leurs personnes; c'était simplement un privilége accordé à quelques-uns, par faveur spéciale, ou du consentement des vassaux. Le droit de garenne avait subi les vicissitudes de la féodalité; les lapins et les conninières du 17e siècle étaient aux buffles, aux ours, aux loups et aux forêts du 10e siècle, ce qu'étaient les seigneurs humiliés par les règnes de Louis XI et de Richelieu, aux comtes de Louis le débonnaire et de Hugues Capet.

Enfin, lorsque devant Louis XIV, la

seigneurie ne fut plus qu'un vain nom, le droit même d'établir des garennes, que certaines coutumes avaient conservé, fut complétement aboli : l'ordonnance de 1669 leur porta le dernier coup : « Nul ne « pourra établir de garennes à l'avenir s'il « n'en a le droit par ses aveux ou aucuns « titres suffisants, à peine de 500 livres « d'amende et en outre d'être la garenne « détruite et ruinée à ses dépens. » Ainsi fut effacé le dernier vestige du privilége issu de la conquête ; le droit de chasse reposa désormais sur d'autres principes que la force et la violence, et les avantages seigneuriaux, à cet égard, sur une législation régulière.

§ 6.

De l'exercice du droit de chasse.

Le privilége reconnu aux seigneurs justiciers, par quelques coutumes, d'avoir garennes, c'est-à-dire conninières ou refuges à lapins, ne tenait pas proprement au droit de chasse ; c'était plutôt l'exception à une servitude de voisinage. De droit commun, il était interdit à tout propriétaire d'avoir chez lui des lapins en garenne ouverte, c'est-à-dire non close de murs ou entourée de fossés pleins d'eau, à raison des ravages inévitables que ces animaux causent sur les héritages voisins; par privilége et dérogation à cette servitude générale, certains seigneurs pouvaient en avoir sur leurs terres possédées par eux en domaine et jouissance utile. Ainsi qu'on le voit, cet avantage ne constituait ni un droit exclusif de chasse, ni une prohibition de chasser; c'était tout au plus un moyen d'avoir du gibier, qui ne pouvait être mis en usage par tous les propriétaires.

Quant au droit de chasse, c'est-à-dire de poursuivre le gibier et de s'en emparer, rien dans les coutumes ne paraît l'avoir limité ou réglé; considéré d'une manière abstraite, ce droit appartint à tout le monde et chacun le tint, non d'une volonté supérieure, mais de la nature et de son caractère d'homme.

Quant à l'exercice du droit, les écrits des jurisconsultes décident que chacun peut chasser chez soi, que le propriétaire seul a cette faculté, mais que nul ne peut la lui interdire. Les docteurs que nous avons déjà cités enseignaient que la prohibition faite par les seigneurs aux propriétaires roturiers de chasser dans leurs propres terres était illégitime : *Plebei et ignobiles agrorum domini non juste prohibuntur venari in suis prædiis*, et ils invoquaient la loi *divus* du Digeste, titre *de Servitutibus prædiorum*.

Nous verrons tout à l'heure cette prohibition renouvelée et dériver d'une autre source ; nous parlons en ce moment du droit coutumier.

Les règles coutumières étaient le résultat de contestations entre tous les propriétaires d'un domaine féodal : ces propriétaires étaient le seigneur haut justicier, le seigneur féodal dominant, le seigneur féodal servant, le censitaire. Tel était le caractère de la propriété sous le régime des fiefs : le seigneur justicier représentait les droits du Frank ou chef de clan, auquel lors de la conquête, un territoire avait été attribué ; le seigneur féodal dominant était le propriétaire du sol, qui l'avait cédé en tout ou en partie à un vassal, à charge de remplir envers lui l'obligation du service militaire ; le seigneur servant était ce vassal qui avait reçu le fief ; le censitaire était enfin celui qui pos-

sédait la terre au dernier degré de l'échelle féodale; ses obligations consistaient en redevances en nature ou en argent.

La tenure concédée moyennant le service militaire était noble, car noble ou militaire n'était qu'une même chose; celle qui avait lieu à charge de redevance était roturière; en d'autres termes, le fief était la tenure noble; la censive, la tenure roturière. Dans l'origine, c'était la condition de la concession qui conférait au possesseur la qualité de noble ou de roturier, suivant qu'il se trouvait obligé au service militaire ou à des redevances et à l'agriculture; plus tard, ces qualités devinrent inhérentes à la personne ou au moins à la profession héréditaire; il en résulta que des roturiers purent posséder des fiefs, et des nobles, des censives, sans que le caractère des tenures en fût altéré.

Tous ces ayants droit étaient propriétaires; la propriété se divisait entre eux en domaine direct et domaine utile; le domaine direct appartenait à tous ceux qui avaient concédé la terre féodale; le domaine utile était au possesseur réel, jouissant du sol et le cultivant par ses mains ou par celles de son fermier, colon ou serf.

Il est inutile de pousser plus loin cette explication; ce que nous avons dit suffit pour faire comprendre que tous ces ayants droit, pouvant se dire également propriétaires, pouvaient également prétendre à l'exercice de la chasse sur la terre formant le fief.

Entre le seigneur haut justicier et le seigneur féodal, il fut reconnu que celui-ci avait le droit de chasser librement sur son fief, d'y faire chasser ou laisser chasser qui il voudrait et comme il l'entendrait. Quant au premier, le droit de chasse ne lui appartenait qu'à condition de l'exercer personnellement, sans pouvoir y envoyer ou conduire ses domestiques ou toute autre personne; cette règle admise dans la jurisprudence coutumière avait été consacrée par l'art. 26 du tit. XXX de l'ordonnance de 1669.

Le procès avait été longtemps pendant entre eux; il s'agissait de savoir auquel appartenait le droit, et lequel ne pouvait chasser qu'à titre de servitude féodale; ce fut au seigneur haut justicier que ce dernier titre fut attribué, mais il faut reconnaître que ses moyens étaient graves et que devant le tribunal impartial de l'histoire il gagnerait sa cause. Il serait trop long d'entreprendre ici sa défense, mais ceux qui voudront faire une étude de ce différend en trouveront les éléments dans Jaquet, *Traité des droits de justice*, Salvaing, au chapitre de la chasse et dans l'*Introduction au Code de chasse*, pag. 78 et suivantes; ils y rencontreront de curieux documents sur le caractère du seigneur haut justicier, et reconnaîtront à travers les mille préjugés des jurisconsultes égarés par les systemes des légistes royaux, que ce personnage politique, peu à peu écarté de nos institutions dans lesquelles il finit par être une superfétation inutile, était, comme nous l'avons déjà dit, le successeur du Frank que la conquête avait mis en possession d'un territoire, sans cependant que la propriété lui en ait jamais été précisément attribuée.

De nombreuses coutumes offraient des traces de son autorité primitive : en Bourgogne « les bêtes chassées par communes « gens en aucune seigneurie où ils avoient « congé et privilége de ce faire, » devaient être remises en partie au seigneur justicier; il en était de même dans le ressort du parlement de Bordeaux et dans le Dauphiné:

il était de droit et de coutume de lui offrir la tête d'un ours, la hure d'un sanglier et l'épaule droite d'un cerf.

Les seigneurs féodaux, quoique n'ayant pas de justice, avaient le droit de chasser sur leurs terres à l'exclusion du seigneur dominant, qui n'y pouvait chasser en personne qu'autant que la haute justice était annexée à son domaine. Il était reconnu que la directe seule ne suffisait pas pour contenir la réserve du droit de chasser; c'était un élément trop essentiel à la propriété pour qu'il pût être détaché du domaine utile.

Cette question, ainsi résolue au XVIIe siècle, n'eût pas reçu la même solution à l'époque où le régime des fiefs avait son caractère originaire et primitif. Longtemps le seigneur dominant fut considéré comme le seul et véritable propriétaire, le vassal ou seigneur servant n'ayant sur le fief qu'un droit analogue à celui du fermier et n'en différant que par la perpétuité. Jusqu'au XVIe siècle, la propriété c'était le domaine direct; le domaine utile n'était qu'une jouissance et une possession. Mais avec le temps cette possession s'était accrue en puissance, et de droit subordonné elle était devenue droit principal ; le droit du seigneur dominant avait pris, au contraire, un caractère approchant de la servitude. Or, la solution de la question du droit de chasse était une question de propriété ; il s'agissait de savoir entre le seigneur dominant et le seigneur servant, c'est-à-dire entre le domaine direct et le domaine utile, lequel possédait le titre de propriété, ou le droit le plus complet et le plus approchant de la propriété. Avant le XVIe siècle, le droit de chasse eût été reconnu, en conséquence, au premier ; après cette époque, il devait l'être au second.

Les mêmes considérations avaient fait juger tout autrement la question à l'égard des censives ; le censitaire aussi a fini par être reconnu véritable propriétaire ; mais, dans l'origine, son droit était bien plus précaire que celui du possesseur à titre de fief. La durée du bail à cens était primitivement fort restreinte et n'excédait guère cinq ans ; ce ne fut que bien tard que la possession devint perpétuelle et héréditaire, mais les traces de son caractère originaire se maintenaient toujours ; jusque dans les derniers temps, le censitaire ne jouissait pas de sa terre d'une manière absolue; il ne pouvait en changer la surface, ni la grever d'hypothèques ou de rentes au delà d'une certaine mesure; en un mot, jamais son droit ne fut véritablement la propriété, et, à son égard, les lois abolitives de la féodalité, en le rendant unique et libre propriétaire, furent véritablement spoliatrices envers le seigneur.

Aussi, lorsque la question du droit de chasse s'éleva, elle fut résolue en faveur de ce dernier; ni la jurisprudence ni la législation des ordonnances ne reconnurent le droit de chasser qu'aux propriétaires de *fiefs*; quant au possesseur de censives, non-seulement ce droit ne lui fut pas reconnu, mais encore il appartint au seigneur dont relevait sa tenure, et celui-ci put chasser sur les terres accensées comme sur les siennes propres.

Cependant l'exercice et l'exclusion de ce droit furent l'objet de longues querelles et de longues contestations; la possession du censitaire ne différait de celle du fief qu'aux yeux des jurisconsultes, mais dans la pratique elle s'en distinguait fort peu; les aveux seuls faisaient foi de son caractère, car la plupart des redevances, par la dépréciation de la monnaie, ne paraissaient plus qu'un signe de reconnaissance féodale.

Ainsi les censitaires prétendirent que le seigneur ne pouvait chasser dans leurs terres toutes les fois qu'ils les avaient encloses ; mais ils perdirent leur procès dans une espèce qui mérite d'être rapportée.

M. de Montaran, seigneur d'un fief dans lequel M. de Frémonville possédait, à titre de censive, un parc considérable, s'était introduit, lui, ses gardes et ses chiens, en escaladant les murs du parc, et y avait chassé. M. de Frémonville l'assigna devant la maîtrise des eaux et forêts, pour voir dire qu'il lui serait fait défense de récidiver.

Devant ce tribunal, les débats furent très-vifs et fortement soutenus de part et d'autre ; on peut en voir un exposé fort développé dans Jacquet, *Traité des droits de justice*, liv. I, chap. XIV, n° 6.

« Peut-on mettre en comparaison, di-
« sait M. de Frémonville, le droit d'un
« citoyen qui réclame la liberté, la tran-
« quillité et la sûreté que chacun doit avoir
« dans sa maison, avec le droit d'un sei-
« gneur qui pour son plaisir vient troubler
« le repos de son censitaire, entrant mal-

« gré lui, toutes les fois qu'il voudra, dans « un lieu qui fait partie de l'habitation de « celui-ci ? »

Puis il citait la jurisprudence et la doctrine ; Loyseau, Ferrerius sur Guy-Pape, Chopin, Loisel, des arrêts de 1547, 1586, et même de 1722, reconnaissant tous au censitaire le droit de se clore, et, par la suite, celui d'exclure le seigneur du droit de chasser dans l'enclos attenant à son habitation ; parce que cet enclos fait partie de son domicile que sous aucun prétexte le seigneur ne peut violer.

Enfin l'enclos de M. de Frémonville consistait en parterre, potager, fruitier, bosquets, dans lesquels il n'était pas possible de chasser sans causer un préjudice notable au propriétaire, et même sans exposer à de grands dangers sa famille et ses domestiques.

Néanmoins M. de Montaran gagna son procès, et un arrêt rendu en forme de règlement ordonna, le 18 août 1760, « que « tous les propriétaires de parc, enclos et « jardins en censive et roture, joignant « immédiatement leurs habitations, seront « tenus de souffrir les visites que les pro- « priétaires des domaines féodaux, dans

« la mouvance desquels les parcs, clos et « jardins sont situés, pourront faire et « faire faire de jour, par leurs gardes, pour « la conservation du gibier..... »

Cette décision faisait violence aux idées de l'époque et préparait la révolution qui prochainement devait anéantir les droits seigneuriaux; il est à remarquer que la liberté des censitaires et vassaux relativement à la chasse avait été toujours décroissant depuis le XVIe siècle; à cette époque la royauté cessa d'avoir besoin de se faire un appui du peuple pour soumettre la noblesse; au contraire, elle commença de s'entourer de la noblesse contre le tiers état qui devenait menaçant [1]; des droits seigneuriaux qui avaient succombé sous la réaction du XIVe siècle se relevèrent au XVIIe, et reparurent sous une autre forme et avec un autre caractère. A la suprématie du seigneur sur ses vassaux, censitaires, colons et serfs, succéda la distinction des nobles et des roturiers, et cette dernière ne fut ni moins oppressive

[1] La maxime *nulle terre sans seigneur,* rejetée lors de la première rédaction des *Coutumes*, fut, malgré l'autorité de Dumoulin, admise dans la seconde.

ni moins irritante que la première ; mais la lutte était plus égale et la réaction devait être plus violente et plus complétement destructive des pouvoirs oppresseurs.

§ 7.

Principe du droit de chasser.

Les considérations qui viennent d'être exposées font clairement apercevoir la distance qui séparait le droit de garenne ou forêt, que s'étaient attribué les seigneurs jusqu'au XIVe siècle, et le droit de chasse qui leur était reconnu au XVIIIe. Le premier s'exerçait véritablement sur la propriété d'autrui, à titre oppressif et étranger; c'était, dans son principe, un assujettissement et une servitude dérivant de la conquête. Le second était un élément et une suite du droit même de propriété, qui, suivant le système établi, consolidé et reconnu dans les institutions d'alors, avait primitivement appartenu et appartenait encore, en nature de directe, au seigneur justicier ou féodal. Ce n'est pas comme pouvoir, comme émanation ou démembrement de l'autorité souveraine dévolue ou usurpée, que ce droit a été aboli par les lois de la révolution, c'est comme portion de la directe ; l'objet de ces lois a été d'affranchir la propriété du double lien qui la divisait, et de la consolider unique et absolue dans les mains du possesseur du domaine utile, et c'est à cet effet qu'elles ont anéanti tout ce que comportait le domaine direct.

Cependant un système imaginé sous l'empire du grand roi Louis XIV, par des jurisconsultes à ses gages, pour la plupart employés dans l'administration de son domaine, avait tenté de prévaloir et se rencontre dans la plupart des ouvrages publiés sur la chasse depuis cette époque ; ce système, fondé sur la supposition chimérique et mensongère que tous les droits seigneuriaux étaient des attributions des pouvoirs publics, usurpées sur la faiblesse des rois de la seconde race, consistait à prétendre qu'à l'autorité royale seule appartenait le droit de chasse, et qu'en conséquence nul ne pouvait l'exercer que par son aveu ou sa concession.

L'attribution exclusive du droit de chasse à la personne du roi se déduisait des ordonnances qui avaient réglé l'exercice de ce droit, sous le rapport de la police et d'expressions qui semblaient, en l'interdisant à certaines personnes, le concéder aux autres; cette prétention ne soutient pas l'examen; une lecture attentive de ces règlements et même de l'ordonnance de 1669 suffit pour convaincre tout autre qu'un employé du fisc que la chasse n'a jamais été interdite au propriétaire noble ou roturier, de quelque profession qu'il fût, pourvu qu'il eût un fief, c'est-à-dire une terre lui appartenant; toute interdiction prononcée par les ordonnances l'est à raison ou des droits du roi sur ses domaines et sur les terres enclavées dans sa garenne (car on a vu que la garenne du roi a subsisté, avec son caractère primitif, jusqu'à la loi de 1844), ou des droits des seigneurs sur leurs terres en censives, droits dont la nature a été expliquée tout à l'heure et qui supposaient que la propriété n'appartenait pas aux censitaires.

Au surplus, voici le texte célèbre de l'art. 28 du titre XXX de l'ordonnance de 1669 :

Faisons défense aux marchands, artisans, bourgeois et habitants des villes, bourgs, paroisses, villages et hameaux, paysans et roturiers de quelque état et qualité qu'ils soient, *non possédant* fiefs, seigneuries et haute justice, de chasser en quelque lieu, sorte et manière, et sur quelque gibier de poil ou de plume que ce puisse être.

Remarquez que la prohibition ne concerne pas les marchands, artisans ou roturiers de quelque état qu'ils soient, s'ils possèdent *fief*, *seigneurie* ou *haute-justice*, c'est-à-dire tous ceux qui possèdent à titre de propriété. Ainsi la qualité de propriétaire, quelle que soit celle de sa personne, suffit et a toujours suffi pour assurer le droit de chasser.

Le but de l'ordonnance, qui n'est qu'une reproduction d'ordonnances antérieures de François Ier, de Henri II, de Henri III, de Henri IV et de Louis XIII, est, comme ces dernières l'expriment formellement, de distinguer entre les non propriétaires, les nobles, des roturiers, et d'interdire la chasse à ces derniers : ainsi les nobles non possédant fiefs peuvent chasser partout avec la concession des propriétaires; les nobles roturiers, non possédant fiefs, ne peuvent chasser nulle part, même du consentement du maître des domaines ; quant aux propriétaires eux-mêmes, nobles ou roturiers, leurs droits sont égaux, et ils n'ont besoin de l'autorisation de personne pour chasser sur leurs terres.

Louis XI est le seul de nos rois qui ait tenté de porter atteinte au droit des propriétaires de chasser sur leurs domaines; ce fut la cause de révoltes générales devant lesquelles il fut obligé de céder. Déjà étant dauphin, il avait fait quelques tentatives à cet égard, mais la noblesse réclama par l'organe du baron de Sassenage et les prohibitions furent levées. Un gouverneur du Dauphiné, ayant, sous Charles VI, fait arrêter un seigneur qui chassait malgré sa défense, fut assiégé dans son château par huit cents gentilshommes qui le mirent en fuite, et depuis il ne reparut plus dans son gouvernement. On voit que le droit souverain du roi, sur le fait de chasse, était loin d'être reconnu; en réalité, les ordonnances se bornèrent à l'interdire à certaines personnes non propriétaires et dans un but que je ferai connaître plus tard.

Il était même fort douteux que, malgré l'interdiction faite au possesseur de censives, noble ou roturier, de chasser au préjudice des seigneurs nobles ou roturiers propriétaires, interdiction expliquée plus haut et confirmée par un arrêt du conseil du 20 janvier 1761, le ministère public pût poursuivre le censitaire pour avoir chassé sur ses terres, autrement que sur la plainte du seigneur [1]. Il est du moins constant que la défense était fort mal exécutée et que la chasse était journellement exercée sur les terres en censives.

L'attribution au roi du droit de chasse était d'ailleurs appuyée par les domanistes sur une considération suffisante pour démontrer l'erreur de cette docrine.

« Il est constant, disaient-ils [2], que tout ce qui se trouve sans maître appartient au haut justicier; donc les bêtes sauvages sont sa propriété, car cette propriété étant un droit ne requiert point d'appréhension corporelle. Or, ce droit constitutif de celui de chasser est un élément de la justice, laquelle est une émanation du souverain et a été dévolue par le roi aux seigneurs qui l'exercent; donc la chasse est comme la source dont elle dérive, un droit domanial, appartenant au roi et dont on ne peut jouir qu'en vertu de la concession qu'il a faite. »

On a vu que le seigneur justicier, même

[1] C'est l'avis de Jousse; mais cet avis est combattu par les auteurs de l'*Ancien répertoire*.

[2] Fréminville, commissaire aux droits seigneuriaux *de la chasse*, sect. 1, quest. 1.

en vertu des ordonnances royales, n'avait qu'un droit de chasse personnel; qu'en principe, le droit de chasse véritable, plein et absolu, n'appartenait qu'au seigneur féodal, comme seul et vrai propriétaire du domaine. En un mot, c'était une règle constatée et reconnue que la chasse était un droit de fief et non de justice.

Quant à la prétention à la propriété du gibier, comme chose sans maître et n'appartenant à personne, c'était précisément cette prétention que la jurisprudence, et par suite l'ordonnance, avaient rejetée, lorsque le haut justicier l'avait élevée contre le féodal.

§ 8.

Des droits du chasseur sur le gibier.

Dans les principes du droit romain, tels que les Institutes nous les ont transmis, les bêtes sauvages, les oiseaux et tous les animaux habitants de l'air et de la terre, appartiennent, par le droit des gens, à celui qui les a pris, aussitôt qu'il s'en est emparé, même sur le fonds d'autrui. Ces principes, qui font du droit de chasse un élément du droit des gens, étaient indiqués par les plus anciens jurisconsultes coutumiers :

Bouteiller dans sa *Somme rurale*, titre XXXVI, les exprimait ainsi :

Du droict naturel dois savoir que les bestes sauvages et les oiseaux qui phaonnent en l'air, c'est-à-dire aux champs communs et aussi qui phaonnent en terre commune, par le droit aux gens sont à celui prendre les peut. Ne en n'a nulle différence si on les prent sur sa terre si on l'a, ou sur la terre d'autre; car où qu'on les prende, par celle même raison et droict sont à celui qui premier les peut prendre.

Les Institutes enseignaient que le propriétaire du fonds pouvait empêcher le chasseur de s'introduire sur sa propriété; les jurisconsultes coutumiers admettaient également ce droit : ils ajoutaient même qu'on pouvait employer la force pour repousser celui qui n'obtempérait pas à l'interdiction, et à cet égard il existait une jurisprudence.

Mais le gibier pris sur le terrain d'autrui, malgré la défense du propriétaire, appartenait-il au chasseur? celui-ci devait-il au contraire le restituer? devait-il être considéré comme un voleur?

Les docteurs italiens, maîtres et prédécesseurs des jurisconsultes français, enseignaient la négative : suivant eux, l'interdiction ne change pas la nature de l'animal et ne peut avoir pour effet d'en approprier le maître du fonds; dès lors l'appréhension que le chasseur en fait malgré la défense de celui-ci ne cesse pas d'être une cause légitime d'acquisition; d'ailleurs ce que le maître du sol peut interdire, ce n'est pas la chasse, laquelle est du droit des gens, mais seulement l'entrée de son fonds : ainsi ce qui peut être litigieux ce n'est pas le gibier produit de la chasse, c'est le dommage et l'injure causés par l'entrée sur le fonds malgré le propriétaire [1].

On citait à l'appui de cette doctrine une décision rendue au profit d'un chasseur de la ville de Pérouse, lequel était entré sur les domaines d'un seigneur malgré lui et y avait fait une chasse abondante dont les juges avaient refusé la restitution demandée.

On trouve la trace de ces principes dans la loi des Ripuaires, t. XLII, art. 1er, laquelle punit ceux qui s'emparent du gibier d'autrui, mais moins sévèrement que s'il se fût agi du vol d'une véritable propriété, *quia*, dit la loi, *non est res possessa, sed de venationibus agitur*.

[1] *Voy.* Guy-Pape, quest. 218, et les annotateurs.

Dans les auteurs coutumiers, une grande incertitude se manifeste, et il est évident qu'ils se sentent gênés dans l'application qu'ils font des principes absolus de Justinien.

En effet, la loi des Ripuaires ainsi qu'on vient de le voir, considérait comme un délit, la chasse sur le terrain d'autrui; et, dans tous les temps, un délit n'a pu être une cause légitime d'appropriation. C'était quelque chose de plus que la décision de la loi romaine, car aux Institutes qui posaient le principe de la prohibition du propriétaire, le Digeste ajoutait seulement: *non est consentaneum ut per aliena prædia, invitis dominis, aucupium faciatis*, liv. XVI, ff, *de Servitutibus prædiorum*. Ainsi, dans ces principes c'était la défense du propriétaire qui constituait ou pouvait constituer l'incapacité de chasser sur les terres d'autrui. Dans le système de la loi barbare, cette incapacité provenait du défaut même du droit de propriété, et la règle était, contrairement au droit romain, que nul ne pouvait chasser sur la terre d'autrui, sans son aveu.

Cette règle s'était conservée dans le droit coutumier, et la coutume d'Anjou, l'une de celles qui retracent le plus fidèlement ce droit dans son caractère originaire, portait art. 35 :

« Nul ne peut, de jour ou de nuit, tendre ne thesurer[1] en autruy domaine, et s'entend ladite coutume, tant ès quintes d'Angers[2] ou ailleurs. » Et art. 39 : « Et de chasser avec les chiens ou à la gaule, au domaine d'autrui, aucun n'est fondé. »

Les principes du droit romain n'étaient donc pas véritablement ceux du droit français, et la question d'appropriation du gibier tué sur le terrain d'autrui, déjà fort incertaine dans le premier[3], devait l'être encore davantage en présence du second.

La jurisprudence du droit de garennes apportait une nouvelle cause d'irrésolution sur cette question ; les *Établissements* de saint Louis punissaient d'une amende le vassal qui chassait dans les garennes de son seigneur ; d'anciennes coutumes en

[1] Ces deux mots sont synonymes, suivant Ragenon, et signifient chasser avec filets ou engins.

[2] La coutume fait allusion à un droit de garenne qui avait existé sur les quintes, c'est-à-dire sur les terres environnant Angers, droit auquel les comtes d'Anjou avaient renoncé dans le XIVe siècle. *Voyez* Chopin sur cet article.

[3] La glose avait décidé le pour et le contre sur la question de restitution.

faisaient même un cas de commise; quoique ces dispositions se rapportassent au lien de sujétion qui existait entre le seigneur et son vassal, elles n'étaient pas moins de nature à brouiller les idées. D'ailleurs, d'autres coutumes considéraient comme vol la chasse dans la garenne d'autrui par toute personne. Beaumanoir, dans sa *Coutume de Beauvoisis*, chap. XXX, art. 105, avait distingüé la chasse de jour de celle de nuit.

Aucunne gens quident que cil qui sunt pris en présent meffet, emblant connins ou autres grosses bestes sauvages, en autrui garennes anciennes, ne soient pas pendavles, mes si sunt quant ils sunt pris par nuit, car il apert qu'ils y vont par corage d'embler. Mais s'il y vont par jor, si comme jolivetés maine les aucuns à folie fere, il se passent par amende d'argent, c'est asavoir soissante livres li gentil hons et soissante sous li hons de poeste.

Puis il ajoute immédiatement cette observation:

Et par ce on peut voir qu'il sunt moult de cas qui sunt tenu pour larrechin, quant ils sunt fet par nuit, qui ne seroient pas s'ils étoient fet de jor.

Ainsi la chasse sur le terrain d'autrui n'était un vol qu'autant qu'elle était exercée dans une garenne *ancienne* et de nuit; le gibier pris de jour sur un terrain libre, quoique appartenant à autrui, n'était donc ni une cause d'amende, ni un objet volé.

Enfin un ordonnance de François Ier, du mois de mars 1515, qualifiait de *larcin* la prise dans les forêts royales, des bêtes rousses et noires comme connils, lièvres, faisans et perdrix; et, sur ce texte, les commentateurs rappelaient l'Écriture, Nembrod, Aristote, Platon, Oppien et une multitude d'autres autorités de même nature, desquelles on pouvait conclure avec Bodin que chasseur et voleur sont synonymes[1]. D'autres critiquaient l'expression et lui opposaient les principes du droit romain.

Dans cette perplexité, les jurisconsultes se rapprochèrent du droit de Justinien, autant qu'il leur fut possible, et, après de longues controverses, établirent à grand'peine la doctrine que nous suivons encore aujourd'hui.

Ils distinguèrent trois sortes d'animaux: ceux qui sont naturellement sauvages et

[1] De la République, liv. II.

jouissent de leur liberté; ceux qui, quoique sauvages par leur nature, sont enfermés ou reviennent au logis; enfin, les animaux domestiques.

Quant aux animaux sauvages, ils reconnurent que le propriétaire n'y avait pas plus de droit que tout autre, et qu'ils appartenaient au premier occupant, que celui-ci s'en emparât sur son terrain ou sur le terrain d'autrui, avec ou sans consentement.

Cependant ils distinguèrent le cas où la chasse constituait un revenu, par exemple, quand elle était louée ou affermée, ou que la concession en était faite à prix d'argent; dans cette hypothèse ils la regardaient comme un fruit du fonds, et en conséquence le gibier comme restituable. Cette décision ne se rencontre que dans les très-anciens auteurs, et les jurisconsultes modernes l'ont restreinte aux cas où le gibier était contenu dans des parcs ou garennes, cas qui rentre dans la seconde catégorie.

Au surplus, ils appliquèrent fort exactement la règle des Institutes, que l'animal poursuivi ne devient la propriété du chasseur qu'autant qu'il l'a blessé de manière à pouvoir s'en saisir, ou qu'il s'en est réellement emparé [1]. Cependant la courtoisie voulut qu'il fût permis à un seigneur de poursuivre sur les terres d'autrui l'animal qu'il avait blessé sur les siennes. Cette faculté, de pure tolérance, fut d'abord consacrée par des arrêts, et soutenue comme un droit par les jurisconsultes; mais plus tard elle fut contestée, et finit par être rejetée. J'ai déjà fait observer que la liberté de la chasse avait été décroissant depuis l'époque d'affranchissement général dû à l'abolition des garennes; d'ailleurs, au XVIIIe siècle, les propriétaires n'étaient plus pour la plupart des gentilshommes courtois et imbus d'une politesse chevaleresque; c'était déjà, en général, des enrichis exerçant leur droit de seigneurie d'une manière jalouse, et généralement mauvais voisins [2].

Relativement à la seconde espèce d'a-

[1] La loi salique, œuvre de chasseurs et faite pour eux, punissait d'une amende considérable celui qui avait tué ou pris le cerf ou le sanglier que les chiens d'un autre poursuivaient et avaient lassé, *quem canes alterius moverunt aut lassaverunt*, titre XXXV, art. 4.

[2] *Voy.* au surplus l'art. 11 de la loi du 3 mai 1844, et les observations sur le droit de suite qui s'y trouvent consignées.

nimaux, c'est-à-dire à ceux qui sont renfermés, ou qui, quoique sauvages de leur nature, ont l'habitude de revenir au logis ou à leur tannière, les jurisconsultes modernes admettaient avec Justinien qu'ils étaient la propriété du maître du parc ou de l'enclos, tant qu'ils y étaient, ou tant qu'ils avaient conservé l'habitude d'y revenir.

C'était à cette espèce qu'ils appliquaient toutes les décisions des lois anciennes et des anciens jurisconsultes, à l'égard des animaux chassés dans les lieux où existaient des garennes du droit primitif, quoique ces décisions fussent fondées sur un tout autre principe, et que les animaux qui s'y trouvaient alors appartinssent à la première espèce. Mais les auteurs modernes ne connaissaient plus que les garennes du droit nouveau, et à l'égard de celle-ci la solution pouvait être juste, au moins en ce qui concernait les lapins, principaux habitants des conninières.

Quoi qu'il en soit, l'ordonnance de 1669, tit. XXX, art. 10, porta :

Voulons que ceux qui seront convaincus d'avoir ouvert et ruiné les halots ou raboulières qui sont dans nos garennes ou en celles de nos sujets, soient punis comme voleurs.

et cette disposition ne fit que confirmer celles d'ordonnances antérieures et d'un grand nombre de coutumes.

Cependant le droit d'avoir une garenne n'emportait pas celui de faire dévorer par les bêtes qu'on y élevait les récoltes du voisin ; en conséquence, celui-ci eut toujours le droit de les tuer quand elles venaient faire des excursions sur son terrain.

Il n'en fut pas ainsi du vassal, tenancier, colon ou fermier ; il fut obligé de respecter les lapins de son seigneur ; mais, plus tard, la jurisprudence vint à son secours et l'autorisa à réclamer des dommages-intérêts, dont le mode et l'appréciation furent très-compendieusement fixés par un arrêt de réglement du 21 juillet 1778.

Quant aux animaux apprivoisés, les Institutes font mention du cerf accoutumé à s'en aller dans les forêts et à revenir à la maison ; la loi salique parle également d'un cerf apprivoisé et dressé à la chasse, c'est-à-dire à se laisser poursuivre ; elle distinguait celui qui portait un collier de celui qui n'en portait pas, et celui qui avait déjà servi à la chasse de celui qui n'avait pas été employé à cet usage ; dans les deux cas, le vol et le meurtre étaient punis d'une amende [1].

Les animaux véritablement domestiques ont toujours été considérés comme la propriété de leur maître, et celui qui s'en est emparé, comme un voleur ; c'était encore la décision de Justinien, que tous les jurisconsultes ont admise.

Mais en même temps il a toujours été permis de les tuer sur place lorsqu'ils commettent du dégât dans les récoltes. L'ancienne coutume de Bourges en portait une disposition expresse, reproduite par celle d'Orléans et plusieurs autres : elle permettait au propriétaire d'un pré, d'une vigne ou d'une terre semée, y trouvant des oies, « d'en tuer une ou deux « à chaque fois, et illecques les laisser. » Les commentateurs, entre autres Boërius, s'étendaient, à ce sujet, très-au long sur l'histoire des oies du Capitole.

La même faculté ne s'appliquait pas aux pigeons ; plusieurs ordonnances défen-

[1] Tit. xxxv, art. 2 et 3.

daient expressément à toutes personnes, gentilshommes et autres, de tirer aux champs sur les pigeons; un grand nombre de coutumes portaient des interdictions semblables, et c'était apparemment un droit fort ancien, car Boërius, sur l'article précité de la coutume de Bourges, en fait mention, et, après lui, Englebermeius, sur la coutume d'Orléans. La seule raison qu'en donnent les jurisconsultes est tirée de l'innocence des colombes, et ici ils entrent dans de longues considérations sur le caractère des oiseaux domestiques, la plupart empruntées aux commentaires canoniques; l'oie vigilante, le paon orgueilleux et méchant, et le coq belliqueux qui épouvante les lions[1]. Mais pourquoi est-il permis de tuer tous ces volatiles quand ils sont trouvés dans les champs, tandis qu'on doit respecter les pigeons? Boërius, d'après Archidiaconus et les prédicateurs, pense que c'est parce que, semblables aux agneaux, les pigeons ne font mal à personne; Englebermeïus croit que c'est plutôt parce que cet animal

[1] On reconnaît l'origine dans cette croyance des enseignes du *coq hardi*.

est plus noble, *est nobilius;* enfin quelques-uns font remonter le privilége dont il jouit au service qu'il rendit à Noé [1].

§ 9.

Des lois de police sur la chasse.

Cette passion de la chasse, qui formait le caractère particulier de la race germaine, se manifestait non moins vive et non moins générale chez les populations que chez leurs maîtres; les grands officiers avaient leurs forêts, les seigneurs leurs garennes, les soldats chassaient dans les lieux incultes. Les terres abandonnées étaient en grand nombre dans la Gaule, après que le fisc romain l'eût ruinée et convertie, suivant les historiens, en de vastes solitudes.

Les lois salique et ripuaire, les lois lombardes et les Capitulaires contiennent de fréquentes dispositions répressives des désordres naturels à la chasse exercée par un grand nombre. Depuis les premiers temps des invasions germaines, les lois de po-

[1] Outre les auteurs cités, *voy.* Chassaneus sur la coutume de Bourgogne, rub. 13, et Benedictus *In capitulo raynutius in v° uxorem*, n°s 308, 309 et 311, *Ubi amplissimè ponit de naturâ columbæ.*

lice à ce sujet se sont succédé vers le XIIe siècle, les réglements établis par la plupart des princes de l'Allemagne et de l'Italie portent des caractères évidemment conservateurs et d'intérêt général, lorsque, en France, les coutumes qui régissent le droit de chasse ne sont encore que l'abus du pouvoir et l'exclusion du plus faible dans l'intérêt du plus fort.

De toutes les races qui envahirent le monde romain, les Franks furent assurément les plus grossiers et les plus terribles; leur domination fut toujours empreinte d'un égoïsme brutal que caractérise merveilleusement la féodalité s'isolant dans ses châteaux et le seigneur frank se faisant seul au milieu d'une grande nation. Les rapports humains et l'asservissement volontaire et réciproque qu'ils entraînent, enfantent la civilisation; l'esprit d'indépendance ne produit que la dissolution des sociétés et la barbarie; naturellement oppresseur, il s'entoure de servitude. Le Frank, le plus libre des peuples modernes, interdit la chasse aux vaincus sur leurs propres terres; loin encore du Spartiate, le plus libre des peuples anciens, qui chassait aux ilotes et les tuait comme bêtes sauvages quand leur nombre devenait inquiétant [1].

Le Livre des fiefs, publié dans le XIIe siècle, par ordre des princes lombards, contient un édit fort détaillé de l'empereur Frédéric Ier, dont l'objet est la police et la tranquillité publique; sous le titre *De pace tenendâ* il interdit l'usage des rets, lacets ou autres engins pour la chasse, permettant seulement de s'en servir pour prendre les ours, les sangliers et les loups. On trouve dans cette disposition, rapprochée surtout de celles qui la précèdent, une véritable mesure d'intérêt général et s'adressant à tous les sujets de l'empire; NEMO *retia, laqueos, aut alia quælibet instrumenta ad capiendas venationes tendat.* C'est à tort que les jurisconsultes français n'y ont vu qu'un privilége, en jugeant que la défense s'adressait seulement aux roturiers. En France, nous avons toujours aperçu les choses au travers du prisme de nos habitudes et de nos préjugés; il n'est pas de ré-

[1] C'est un exemple fameux de chasse du premier genre, et qui démontre que la classification des docteurs n'était pas sans quelque fondement raisonnable.

volution dans nos mœurs qui n'ait, à nos yeux, changé la face de l'histoire.

Les premières lois sur la chasse, des rois de la troisième race, sont aussi des lois de police. Le plus ancien règlement sur cet objet est une ordonnance de Philippe le Long, de 1318, portant défense de faire ou d'avoir des panneaux, même aux propriétaires de garennes, et interdiction à tout individu, s'il n'est gentilhomme ou s'il n'a garennes, « de tenir furons, ou rezeul. »

C'est, comme on le voit, l'introduction en France du règlement de Frédéric; des instructions de la même époque en font encore mieux connaître l'esprit :

Art. 1er. Personnes non nobles peuvent chasser partout hors garenne, à chiens, à lièvres, à connils, à lévriers ou chiens courants, à oiseaux et à bâtons; mais ils n'y peuvent tendre quelconques engins que ce soient, de jour ou de nuit, n'a grosses bêtes s'ils n'ont titres.

Art. 2. Ne peuvent tendre aucuns engins ou filets pour prendre faisans et perdrix, si ce n'est par congé des hauts justiciers, en leurs hautes justice ou garenne.

Art. 5. Baron, seigneur ou gentilhomme, ou autre personne ne peut, ne doit chasser, tendre à quelque bête en garenne, ne dehors, depuis le soleil couchant jusqu'au soleil levant, si ce n'est en leur garenne.

Ces articles contiennent toute la substance de la loi du 3 mai 1844 ; on y trouve le principe du droit de chasser, la nécessité du permis, celle du consentement du propriétaire, les engins prohibés, et l'interdiction de la chasse de nuit. L'ordonnance renferme même le célèbre art. 12, 3°, sur la possession des filets et engins, défendue à ceux qui ne jouissent pas d'un parc attenant à leur habitation.

Art. 10. Non nobles, soit gens de métier ou de labeur, ne peuvent avoir, en *leurs maisons* ou ailleurs, de par eux, aucuns harnois ou filets à prendre grosses bêtes ni menues; et s'ils y sont trouvés des gens du roi, ils les peuvent prendre.

Je ne pousserai pas plus loin ce rapprochement sans utilité réelle (car dans cette matière le droit ancien n'est pas l'interprète du nouveau) et offrant d'ailleurs peu d'intérêt historique ; il suffit pour faire voir que, dès le XIVe siècle, c'est-à-dire aussitôt que l'abolition du droit de garenne fut devenue générale, et par suite l'exercice de la chasse un droit commun, la conservation du gibier fut regardée comme un objet de prévoyance législative, et les filets et engins comme les moyens les plus destructeurs. De nombreuses ordonnances sont intervenues depuis cette époque; celle de 1669 les résume à peu près toutes, et cependant ne les abroge pas; on en comptait alors sept du XIVe siècle; dix-huit du XVIe, huit du XVIIe, toutes en vigueur, mais se répétant [1]. Leurs principales dispositions ont pour but la conservation du gibier, la défense des propriétés royales et particulières, la police des malfaiteurs, et des mesures politiques dont généralement on n'a pas compris la portée.

Sous le rapport de la conservation du gibier, l'interdiction de certains modes de chasser, celle de détruire les œufs, les couvées, les animaux eux-mêmes en certaines saisons; la défense de les vendre, colporter, et même celle de les mettre en pâte; la prohibition des chiens couchants; l'ordre aux laboureurs de museler et *enlarnoner* ceux qui gardent leurs fermes ou leurs troupeaux, sont les moyens que les ordonnances emploient pour atteindre leur but. On trouve même un règlement de la Table de marbre, du 13 avril 1600, fait pour la corporation des oiseleurs de Paris, qui leur interdit de chasser « aux menus

[1] On peut voir, en outre, au *Code des chasses*, plus de deux cents arrêts sur cette matière, ayant plus ou moins le caractère de règlement.

« oiseaux de chant et de plaisir, » soit sur les terres d'autrui sans une permission, soit même avec cette permission, de la mi-mars à la mi-août, les autorisant seulement à prendre les jeunes oiseaux de l'année « en âge compétent pour les nourrir [1]. » Cette exception paraît n'avoir été dans le règlement que la consécration d'un droit toujours reconnu et que les oiseleurs fondaient sur l'Ecriture sainte, texte fécond de toute prétention sans cause légitime :

Quand en la voie, en aucun arbre, ou sur la terre, tu rencontreras nid d'oiseaux avec les petits ou les œufs, tu ne prendras point la mère avec les petits; mais tu laisseras aller la mère et prendras les petits pour toi, afin qu'il te soit bien et que tu prolonges tes jours. (*Deutéronome*, chap. XXII [2].)

Dans tous les temps les lois de police les plus sages ont été l'objet des attaques les plus vives; une multitude d'écrivains se sont élevés contre les mesures conser-

[1] *Voy.* ce règlement rapporté sous l'art. 12 de la loi nouvelle.

[2] Lapoix Fréminville, *Pratique des terriers*, t. IV, p. 682. Cet auteur donne très-sérieusement ce motif à la loi, et il écrivait en 1754.

vatrices du gibier, en raison même de leur but; Christophe Bezoldus écrivait au seizième siècle :

> Combien sont ridicules [1] ces défenseurs prévoyants de la nature, qui craignent que les espèces des bêtes sauvages viennent à s'épuiser [1]. Comment donc, je vous prie, ne le sont-elles pas déjà ? Comment s'en trouve-t-il dans les îles nouvellement découvertes? Là où les hommes ont vécu en masses innombrables, le gibier s'est rencontré en admirable multitude. L'expérience nous apprend, au contraire, que les défenses éloignent la bénédiction divine, et que le ciel retire ses bienfaits lorsqu'un impôt vient en gêner l'usage départi à tous les hommes [2].

Puis le philosophe appuie ses doctrines d'exemples irrécusables et concluants sans doute aux yeux de l'opposition d'alors, tels que celui de fèves miraculeuses qui croissaient naturellement en Egypte, et qui périrent aussitôt qu'Alexandre les eut fait garder; d'une source merveilleuse pour toutes sortes de maux, qui tarit, dès qu'Antigoas y mit un tribut; des *moucles* (sic) de Flandre, servant de nourriture aux misérables, et qui disparurent en 1441,

[1] Je traduis.

[2] Si cette maxime était vraie, quelle chose aujourd'hui ne serait réduite au néant!

tant qu'elles furent frappées d'un impôt; enfin d'une rosée de manne qui tombait au royaume de Naples, au profit des pauvres, et cessa lorsque le roi eut fait enfermer le lieu où elle pleuvait; « mais ayant « été fait brèche dans cette muraille pour « rendre le chemin libre, on vit une nou« velle effusion de cette manne, qui ne « tombe jamais qu'en pleine campagne, « pour être commune à tout le monde. »

Telle est pourtant l'infirmité de l'esprit humain, que de pareilles considérations ont pu lui paraître vraies et sérieuses, et qu'elles ont déterminé des croyances et des convictions. Qui sait combien notre logique orgueilleuse contient d'erreurs que nos neveux prendront à leur tour en pitié? Toutes ces inepties étaient répétées, dans les œuvres des jurisconsultes longtemps après que Bayle et Descartes avaient écrit [1]; les parlements croyaient encore aux sorciers et en brûlaient.

Sous le rapport de la police des malfaiteurs, les ordonnances contenaient défense de chasser avec armes cachées, fusils

[1] Je les puise dans un commentaire de l'ordonnance de 1669, introduction, p. 32 et suiv.

à vent, bâtons creusés ; elles interdisaient aux gardes le port du fusil ou de l'escopette et ne leur permettaient que celui des pistolets pour leur défense ; elles punissaient sévèrement les chasseurs de nuit, ou en bandes, masqués ou déguisés. Un arrêt de la Table de marbre de Dijon, du 19 avril 1727, interdit aux gardes de désarmer les chasseurs pris en flagrant délit ; le commentateur en fait connaître le motif qui est encore celui de la loi nouvelle :

On a vu des seigneurs et gentilshommes tués par des particuliers, pour les avoir voulu désarmer en les trouvant chassant sur leurs terres, entre autres le marquis de La Mauvinière dans la province de Saintonge, qui fut tué raide sur la place par un nommé Aymars de La Frémigère ; pareille chose est arrivée à plusieurs autres.

Sous le rapport de la propriété, j'ai fait connaître les principales dispositions qui garantissaient au propriétaire seul le droit de chasse ; l'art. 18 de l'ordonnance de 1669 défendait à *toutes personnes* de chasser sur les terres ensemencées lorsque le blé est en tuyau, et dans les vignes, depuis le 1er mai jusqu'à la dépouille. Mais les commentateurs nous apprennent que cette défense était mal observée des seigneurs. Les canonistes du XIIIe siècle déploraient ces chasses où les nobles foulaient aux pieds les champs du pauvre peuple, et, faute d'autre interdiction légitime, ils en faisaient un péché mortel.

Enfin la politique avait une grande part dans toutes ces dispositions qui faisaient de la chasse l'occupation des nobles et en excluaient les roturiers. Toutes les ordonnances portent que le noble, quand il ne fait pas la guerre, doit chasser. Renversez la formule : Quand il chasse, il ne fait pas la guerre. C'était la véritable pensée du législateur. Elle est manifeste lorsqu'on lit avec attention les préambules singuliers de ces ordonnances. C'était pour détourner les gentilshommes de la fureur des guerres civiles et privées, que les rois exaltaient l'honneur de cet exercice et y poussaient la noblesse en caressant ses préjugés. Mieux valait encore, pour le laboureur, être privé du droit de tuer ses perdrix et ses lièvres, que d'avoir à supporter les expéditions et conquêtes belliqueuses des seigneurs voisins dont les soldats dévastaient non moins ses récoltes, et, de plus, égorgeaient sa famille et brûlaient sa maison. C'est toujours à la suite des troubles, ou pendant leur durée, que se multipliaient les ordonnances dans lesquelles la chasse est livrée aux gentilshommes. François Ier et Henri IV ont publié les plus nombreuses et les plus énergiques.

§ 10

Des pénalités.

Les pénalités pour infractions au droit de chasse ont varié suivant les temps et les mœurs, et représentent très-fidèlement le régime et le caractère du pouvoir auquel les populations étaient soumises : on a vu le chambellan du roi Gontran, lapidé pour avoir chassé dans une forêt, et le meurtre d'un buffle entraîner la mort de trois personnes. Les Capitulaires portent des peines plus douces. Ainsi le chasseur pris en délit en était quitte la première fois pour un œil ; la seconde fois, on lui arrachait le nez ; mais à la troisième on lui coupait la tête. Dans la pénalité du droit de chasse, la récidive a toujours fini par être un cas pendable.

Les lois normandes, après la conquête de l'Angleterre, proportionnaient la gravité de la peine à la grosseur du gibier : suivant une ordonnance de Guillaume le Roux, celui qui prenait un lapin dans une forêt royale payait une amende de dix sous, pour un lièvre vingt sous, mais pour un daim il était pendu.

Telle était la disposition légale qui, suivant Eadmerus, ne mettait aucune différence entre l'homicide et le cervicide; mais dans l'exécution la pénalité manifestait cet esprit de vengeance, de torture et de cruauté qui n'appartient qu'à l'homme et le distingue des bêtes féroces. Suivant un écrivain contemporain : « quels que fussent ceux qui « étaient saisis en contravention aux lois « de la chasse, on leur arrachait les yeux, « on les mutilait indignement, on leur « coupait les pieds et les mains; on livrait « les coupables aux supplices les plus « atroces et les plus raffinés, *exquisitis* « *suppliciis*. » Richard Ier avait même porté une loi expresse, appliquant ce châtiment à quiconque chasserait dans ses forêts, *ut amitteret oculos et testiculos*.

Mais la cruauté de ce roi se radoucit dans sa vieillesse et lorsque la chasse eut moins d'attraits pour lui ; alors il fut touché de ce qu'il y avait d'odieux à faire périr pour un lapin ou pour un chevreuil un homme, l'image de Dieu, que le Seigneur avait racheté de son sang. Il se contenta d'exiler les délinquants, et de s'emparer de leurs biens, mais en leur laissant la vie sauve et la jouissance de leurs membres [1].

Relativement aux garennes, la pénalité se montre assez douce dès le temps de saint Louis, du moins dans la jurisprudence ; le chasseur n'était frappé que d'une amende ; mais les seigneurs mettaient souvent leur vengeance personnelle à la place du châtiment couturnier. Monstrelet et Guillaume de Nangis racontent que sous le règne de saint Louis, Enguerrand de Coucy fit pendre trois jeunes étudiants flamands pour avoir chassé dans sa garenne, ce dont le saint roi *fut fort mécontent*. En 1292, un officier du comte d'Anjou menaça l'évêque d'Angers de le mettre en prison, lui et ses gens, s'il le trouvait chassant dans les bois du Bouchet.

Entre le seigneur et le vassal la peine était fort sévère, puisque la violation du droit seigneurial entraînait la perte du fief.

Les ordonnances du roi ne prononcèrent

[1] Mathieu Pâris.

d'abord que des confiscations de filets ou engins ou des amendes ; les voleurs de gibier étaient mis au carcan revêtus d'un costume de peau de lapin. L'époque était amie du symbole et tout châtiment devait parler aux yeux.

Louis XI rétablit les cruautés normandes dans ses édits sur la chasse. Sous son règne il fut vrai, comme sous celui de Henri Ier, que le meurtre d'un homme fut puni moins sévèrement que celui d'un cerf ; mais nous ne connaissons ses rigueurs que par les historiens et par les révoltes dont il a été parlé plus haut ; ses ordonnances ne nous sont pas parvenues.

L'ordonnance de 1515, rendue à l'avénement de François Ier, fut la première de celles que contiennent nos recueils, dans laquelle les peines revêtissent un caractère de cruauté : selon les articles 3 et suivants, ceux qui chassaient aux grosses bêtes dans les forêts royales étaient punis, pour la première fois, d'une amende de 250 livres, et devaient être battus de verges sous la custode, jusqu'à effusion de sang ; pour la seconde, ils devaient être battus de verges autour des forêts et garennes et bannis à quinze lieues.

S'ils y retournent après lesdites punitions, la tierce fois seront mis aux galères par force, ou battus de verge, ou bannis perpétuellement de notre royaume et leur bien confisqué. Et s'ils étoient incorrigibles et obstinés, et récidivoient après lesdites punitions, en enfreignant leur ban, seront punis *du dernier supplice.*

Les réceptateurs, acheteurs ou vendeurs de gibiers provenant des forêts et garennes royales étaient puni *des mêmes peines.* (Art. 14.)

Des ordonnance de 1600, 1601 et 1607, renouvelèrent la prescription de celle de 1515 et la peine de mort y fut également comprise[1]; mais les châtiments corporels, laissés le plus souvent à l'arbitraire du juge, ne devaient être infligés « qu'aux per- « sonnes viles et abjectes et non autre. » Et d'ailleurs selon leur condition, « y ayant jus- « tice, disent les commentateurs, que les « personnes soient punies plus ou moins « rigoureusement selon leur qualité ; les « nobles et ceux qui sont constitués en « dignités le doivent être moins que les « roturiers et gens de vile et abjecte condi- « tion : ce qui est bien justifié par la loi

[1] La peine de mort est cinq fois ordonnée, et pour tous les délits de chasse, même pour la possession d'engins prohibés, à la seconde récidive.

« *qui eodem, ff. de lege. Corn. de sicariis,* « selon laquelle le meurtrier était punissa- « ble de mort, s'il n'était en dignité. »

La règle inverse était suivie en ce qui était des amendes pécuniaires; on a pu voir dans le passage sustranscrit, p. LXVIII, qu'il en était ainsi dans la coutume de Beauvoisis; celle de Vitry, art. 13, tit. I, portait que les condamnations à l'amende seraient élevées au double si le délinquant était de noble condition.

Il y aurait injustice à rejeter exclusivement sur le législateur la sévérité des châtiments corporels et la différence admise entre le noble et le roturier; la distinction personnelle était dans nos mœurs et dans l'opinion publique, non moins que l'application du fouet. Ce n'est pas avec nos idées qu'il faut juger une législation qui s'est produite sous des impressions bien différentes. Il eût alors paru exorbitant, même aux personnes *de vile et abjecte condition,* que le grand seigneur fût soumis à la même règle que le roturier; les jurisconsultes se seraient élevés avec force contre une telle violation du principe de nos institutions et de la loi romaine; quant aux peines corporelles, on doit se rappeler avec quelle facilité les seigneurs distribuaient alors les coups de bâton, soit à leurs gens, soit à ceux des autres, soit même entre eux, sans qu'on y prît garde; les mémoires de ces époques[1] sont pleins de récits de ce genre et l'on y voit qu'un nombre considérable de personnages notables et historiques n'ont pas été étrangers à cet accident qui mettrait aujourd'hui les populations en émoi; il n'en résultait alors autre chose que des représailles de même nature ou des chansons aux dépens du battu.

L'ordonnance de 1669 abrogea expressément la peine de mort:

> Art. 2. Défendons à nos juges et à tous autres de condamner au dernier supplice, pour le fait de chasse, de quelque qualité que soit la contravention, s'il n'y a d'autre crime mêlé qui puisse mériter cette peine, nonobstant l'art. 14 de l'ordonnance de 1601, auquel nous dérogeons expressément à cet égard.

Les peines, dans cette ordonnance, sont à peu près les mêmes que celles de l'ordonnance de 1607, à laquelle la première renvoie en certain cas. L'on y retrouve la même différence entre la noblesse et les roturiers, par exemple, l'interdiction de

[1] *Voy.* notamment ceux de Tallemant-des-Réaux, écrits sous le règne de Louis XIII.

la chasse dans les forêts royales : « à peine « aux seigneurs et gentilshommes de déso- « béissance et *encourir notre indigna- « tion*, et de 1 500 livres d'amende, et « pour les roturiers, *d'être menés et « conduits dans nos galères*, où ils seront « retenus pour nous faire service durant « le temps de six ans. »

§. 11.

Des lois nouvelles.

Cette législation, ainsi que les droits reconnus aux seigneurs de chasser sur les terres féodales de ces environs, disparurent devant les lois abolitives de la féodalité. Une disposition du 3 novembre 1789 rappela des galères et du bannissement tous ceux qui subissaient une peine pour délit de de chasse. Les principes du droit nouveau furent consignés dans la loi du 30 avril 1790 que je crois devoir transcrire ici dans son entier, d'abord parce que les règles qui s'y trouvaient tracées ne sont pas toutes étrangères à la législation nouvelle ; ensuite, parce que l'espace immense qui sépare dans l'ordre moral la loi de 1669 et sa jurisprudence, de celle qui lui succède immédiatement, est un sujet digne d'observation.

Art. 1er. Il est défendu à toutes personnes de chasser, en quelque temps et de quelque manière que ce soit, sur le terrain d'autrui, sans son consentement, à peine de 20 livres d'amende envers la commune du lieu, et d'une indemnité de 10 liv. envers le propriétaire des fruits, sans préjudice de plus grands dommages-intérêts s'il y échoit. — Défenses sont pareillement faites, sous ladite peine de 20 liv. d'amende, aux propriétaires ou possesseurs de chasser dans leurs terres non closes, même en jachères, à compter du jour de la publication du présent décret jusqu'au 1er décembre prochain, pour les terres qui seront alors dépouillées, et pour les autres terres, jusqu'après la dépouille entière des fruits, sauf à chaque département à fixer pour l'avenir le temps dans lequel la chasse sera libre, dans son arrondissement, aux propriétaires sur leurs terres non closes.

Art. 2. L'amende et l'indemnité ci-dessus statuées contre celui qui aura chassé sur le terrain d'autrui seront respectivement portées à 30 liv., et à 15 livres quand le terrain sera clos de murs et de haies; et à 40 et 20 livres dans le cas où le terrain clos tiendrait immédiatement à une habitation; sans rien entendre innover aux dispositions des autres lois qui protégent la sûreté des citoyens et de leurs propriétés, et qui défendent de violer les clôtures, et notamment celles des lieux qui forment leur domicile ou qui y sont attachées.

Art. 3. Chacune des différentes peines sera doublée en cas de récidive; elle sera triplée s'il survient une nouvelle contravention, et la même progression sera suivie contre les contraventions ultérieures; le tout dans le courant de la même année seulement.

Art. 4. Le contrevenant qui n'aura pas, huitaine après la signification du jugement, satisfait à l'amende prononcée contre lui, sera contraint par corps, et détenu en prison pendant vingt-quatre heures pour la première fois, pour la seconde pendant huit jours, et pour la troisième ou ultérieure contravention pendant trois mois.

Art. 5. Dans tous les cas, les armes avec lesquelles la contravention aura été commise seront confisquées, sans néanmoins que les gardes puissent désarmer les chasseurs.

Art. 13. Il est libre à tout propriétaire ou possesseur de chasser et faire chasser en tout temps, et, nonobstant l'article 1er du présent décret, dans les lacs et étangs, et dans celles de ses possessions qui sont séparées par des murs ou des haies vives d'avec les héritages d'autrui.

Art. 14. Pourra également tout propriétaire ou possesseur autre qu'un simple usager, dans les temps prohibés par ledit art. 1er, chasser et faire chasser, sans chiens courants, dans les bois et forêts.

Art. 15. Il est pareillement libre, en tout temps, aux propriétaires ou possesseurs, et même aux fermiers, de détruire le gibier dans leurs récoltes non closes, en se servant de filets ou autres engins, qui ne puissent pas nuire aux fruits de la terre, comme aussi de repousser, avec des armes à feu, les bêtes fauves qui se répandraient dans lesdites récoltes.

Cette loi était évidemment insuffisante

sous le rapport de la police; un décret du 4 mai 1812 soumit le port d'armes de chasse à un impôt; cette mesure, purement fiscale, était ainsi conçue :

Art. 1er. *Quiconque* sera trouvé *chassant*, et ne justifiant pas d'un permis de port d'armes de chasse délivré conformément à notre décret du 11 juillet 1810, sera traduit devant le tribunal de police correctionnelle et puni d'une amende qui ne pourrra être moindre de 30 francs, ni excéder 60 francs.

Art. 2. En cas de récidive, l'amende sera de 60 francs au moins, et de 200 francs au plus. Le tribunal pourra, en outre, prononcer un emprisonnement de six jours à un mois.

Art. 3. Dans tous les cas, il y aura lieu à la confiscation des armes; et si elles n'ont pas été saisies, le délinquant sera condamné à les rapporter au greffe, ou à en payer la valeur suivant la fixation qui en sera faite par le jugement, sans que cette fixation puisse être au-dessous de 50 fr.

Sous la restauration, la pêche fluviale fut réglée par une loi, mais on ne toucha point au droit de chasse; les ci-devant seigneurs éprouvèrent, sans doute, de poignantes impressions, en voyant des personnes de condition ci-devant abjecte et vile, en possession des domaines confisqués sur leurs familles, leur en interdire l'entrée, et jouir à leur tour du droit exclusif d'y tuer les perdrix et les lapins; mais la puissance des faits accomplis imposa silence à leur dépit, ou du moins le rendit sans effet. Plus d'un parmi eux, en promenant tristement ses regrets autour de la terre paternelle, aurait pu se rappeler que ce même bien dont il était injustement dépouillé, avait été acquis, environ cent ans auparavant, par un de ses ancêtres, au préjudice d'un religionnaire proscrit, aussi lui, par une mesure également inique [1]. Parfois les faits humains les moins excusables cachent une réparation providentielle et l'on ne peut nier que plus d'une spoliation révolutionnaire n'apparaisse avec ce caractère, en se reportant à l'origine des droits dépossédés.

Aux idées de conservation et de maintien propre à ce régime de peu de durée, la révolution de 1830 fit succéder des idées hostiles à la propriété, et surtout à la propriété rurale; les habitants des villes se répandirent en troupes dans les campagnes, dans un grand nombre de localités et don-

[1] La plupart des biens confisqués en vertu des lois sur la révocation de l'édit de Nantes furent achetés à vil prix par la noblesse.

nèrent lieu à des rixes assez graves, qui firent sentir le besoin d'une loi de police plus complète et plus spéciale que celle qui existait.

D'un autre côté, les chasseurs des départements du nord et du centre se trouvèrent tout à coup privés du plaisir de tirer des cailles à défaut de perdrix ; ils en accusaient l'inexécution des règlements établis pour les départements du midi, dans lesquels ces oiseaux arrivent fatigués d'un long trajet et incapables de se soustraire aux piéges qui les attendent au rivage ; ils ajoutaient qu'en détruisant les cailles à leur arrivée, on privait le reste de la France des couvées nombreuses qu'elles y font pendant leur séjour, et par conséquent d'une source abondante d'aliments et d'une industrie productive.

Les agriculteurs se plaignaient également de la destruction excessive et de la disparition presque absolue de certaines espèces de petits oiseaux qui font aux insectes une guerre utile aux produits de la terre ; de ce que dans quelques localités où ces oiseaux ne se voyaient plus, les hannetons s'étaient multipliés de plus en plus, et détruisaient les récoltes et les plantations d'une manière désastreuse, sous la forme de vers blancs, l'une de leurs métamorphoses.

Enfin la facilité des transports avait encouragé le braconnage dans toutes les parties de la France, et il était temps de réprimer cette source de délits et cette pépinière de bandits.

Toutes ces considérations ont amené la loi nouvelle ; l'expérience nous apprendra ce qu'il y avait de vrai dans les causes supposées à la diminution des cailles et à l'augmentation des insectes. Quant à la conservation du gibier et au braconnage, la défense de vendre et de colporter, lorsque la chasse est interdite, nous semble la mesure la plus efficace, la plus facile à exécuter et la plus logique de la loi; on peut croire qu'elle eût produit seule le bien qu'on peut attendre de tout l'ensemble. Quant aux autres, on y trouvera peut-être une cause féconde de vexations, d'injustices et de mécontentements sans fruit. L'arbitraire jouera nécessairement un grand rôle dans leur application, et l'on peut regretter d'y voir, à beaucoup d'égards, une faculté pour l'administration de la police, plutôt qu'un devoir nécessaire et déterminé.

Le commentaire d'une loi qui ne fait que de naître devait nécessairement offrir peu d'étendue ; la jurisprudence apportera des espèces qui pourront plus tard conduire à des théories, si toutefois on en peut combiner en présence de textes assez mal co-ordonnés entre eux. La discussion de la loi a été longue, décousue et fort peu instructive; des passions autres que celles du chasseur s'y sont fait jour; la conservation u gibier et la répression du braconnage 'ont pas été les seuls intérêts dont l'inuence se soit fait sentir ; là, comme ailleurs, la propriété moyenne s'est montrée nvieuse de la grande et oppressive de la elite. Cependant cette loi n'est pas mauaise, l'expérience y a pris une part séieuse, et l'on doit en attendre des résultats vantageux, sans qu'elle offre de grands nconvénients.

BIBLIOTHEQUE ROYALE

LOI

SUR

LA POLICE DE LA CHASSE[1].

LOUIS-PHILIPPE, Roi des Français,
A tous présents et à venir, salut.

Nous avons proposé, les Chambres ont adopté, nous avons ordonné et ordonnons ce qui suit :

SECTION Ire.

De l'exercice du droit de chasse.

ARTICLE 1er.

Nul ne pourra chasser, sauf les exceptions ci-après, si la chasse n'est pas ouverte, et s'il ne lui a pas été délivré un permis de chasse par l'autorité compétente. — Nul n'aura la faculté de chasser sur la propriété d'autrui sans le consentement du propriétaire ou de ses ayants droit.

L'instruction du Ministre de la justice insérée dans le *Moniteur* du 10 mai 1844, porte ce qui suit :

L'article 1er établit en principe que nul ne

[1] Ce qui suit est extrait du *Journal des Communes*, cahier de juin 1844.

pourra chasser, même sur sa propriété, si la chasse n'est pas ouverte, et s'il ne lui a pas été délivré un permis de chasse par l'autorité compétente. Il modifie l'ancienne législation, en ce qu'il exige, pour tous les procédés et moyens de chasse, le permis de l'autorité, qui n'était exigé par le décret du 4 mai 1812 que pour la chasse au fusil; et afin de qualifier ce permis d'une manière qui en indique la portée, il lui donne le nom de permis de chasse au lieu du nom de permis de port d'armes de chasse, sous lequel le décret de 1812 le désignait. Pour être fidèle à la pensée de la loi, il faut entendre le mot chasse dans le sens le plus général, et l'appliquer sans distinction à la recherche, à la poursuite de tout animal sauvage ou de tout oiseau. C'est ainsi, au surplus, que ce mot a été entendu par la Cour de cassation, même sous l'empire de la législation de 1790 et de 1812. Il en résulte que, quel que soit l'animal sauvage ou l'oiseau que l'on chasse, et s'il s'agit d'oiseaux de passage, quels que soient le moyen et le procédé de chasse dont on soit autorisé à se servir, un permis de chasse est nécessaire.

Nul ne pourra. — Ce n'est pas la même chose pour l'application des lois, qu'un droit soit préexistant à la loi qui en régit l'exercice, ou qu'il ait sa cause première dans cette loi-même. De là la distinction que les jurisconsultes ont toujours faite entre les facultés dérivant du droit naturel et celles qui appartiennent au droit civil. La question a été soulevée relativement au droit de chasser, et n'a pas été résolue; sur ce point, M. le Ministre de la justice s'est expliqué en ces termes :

Quoi qu'en ait dit l'honorable M. Maurat-Ballange, cette matière appartient au droit civil; ce n'est pas, comme il l'a prétendu, au droit naturel qu'il faut recourir pour savoir ce qu'est le droit de chasse. C'est du droit civil que dépend l'exercice du droit de chasse, et il en a toujours été ainsi, et sous l'empire de la législation de 1789 et 1790, et sous l'empire du Code civil, dont l'article 715 dispose que la faculté de chasser sera réglée par des lois particulières.

Ce principe, une fois posé, il est donc vrai de dire que le droit de chasse n'a rien de tellement absolu qu'il ne puisse pas être limité dans l'intérêt général.

Il y a, messieurs, des intérêts immenses qui se rattachent à l'exercice de ce droit de chasse et aux abus qui peuvent en naître. D'un côté, il faut d'abord veiller à la conservation des récoltes que les abus de ce droit pourraient compromettre. D'un autre côté, il faut aussi veiller à la conservation du gibier, parce que c'est un des éléments de la consommation publique, et qu'il importe éminemment à l'intérêt général d'en arrêter la destruction croissante. Il est enfin un troisième intérêt dont on ne paraît pas s'être beaucoup préoccupé dans la séance d'hier non plus que dans celle d'aujourd'hui, et qui doit fixer toute votre attention, c'est le braconnage.

Le braconnage est, évidemment aujourd'hui, converti en une espèce de profession, et le gouvernement manquerait à ses devoirs s'il ne travaillait, par des mesures énergiques, à mettre un terme à cette industrie déplorable.

Voilà le but vers lequel doit tendre une bonne loi sur la police de la chasse, et je prétends que la loi que nous avons présentée est destinée à l'atteindre [1].

Le Ministre de la justice confondait évidemment la police de la chasse qui ne peut appartenir qu'au droit civil, et le droit de chasser qui n'a pas nécessairement la même source. Quoi qu'il en soit, il faut dire, malgré les termes négatifs de l'art. 1er, que le droit de chasser sur sa terre, est un élément radical de la propriété ; qu'il a la même origine et la même nature que celui de jouir des produits du

[1] Séance du 10 février 1844.

sol, et qu'un propriétaire qui chasse sur son bien ne doit rien à la loi du 3 mai 1844. Cette loi n'est qu'une disposition réglementaire d'un droit préexistant qui, dès lors, s'étend naturellemend à tout ce qui n'est pas compris dans les restrictions. La propriété subit ici des modifications dans un intérêt général, comme elle en subit pour la même raison dans un grand nombre de cas, mais elle ne cesse pas pour cela d'être la cause première du droit limité dans son exercice.

Chasser. — Qu'est-ce que chasser ? La loi nouvelle n'en a pas donné la définition ; mais, en soumettant la chasse à des règlements de police, elle n'en a pas changé la nature.

Par le mot *chasse* on entend tous les moyens de s'emparer par force, par ruse ou par adresse des *animaux sauvages.*

Les animaux se divisent en trois classes :

1° Celle des animaux *domestiques,* qui sont d'une nature docile, et qui se soumettent à l'homme ; tels sont les chiens, les chevaux, les brebis, le bétail, la volaille de basse-cour, et toutes les autres bêtes que la nature semble avoir destinées à vivre avec l'homme, pour le suivre et pour obéir à sa voix.

2° La classe des animaux *sédentaires*, qui sont d'une nature sauvage, qui ne sont ni les esclaves ni les amis de l'homme, mais qui servent à ses usages, par l'instinct ou l'habitude qui les fixe ou les rappelle dans la retraite que l'homme leur a choisie, ou qui ont perdu leur férocité naturelle, et contracté l'habitude de vivre avec l'homme et de lui être soumis.

Dans cette classe, il faut ranger 1° les abeilles, les pigeons et les autres animaux de cette espèce qui ne sont point familiers avec l'homme, mais qui reviennent toujours dans la demeure que l'homme leur a préparée; 2° toute bête sauvage que l'homme a su apprivoiser, qui est devenue son esclave volontaire, et qui semble avoir perdu le souvenir de la liberté naturelle.

3° La classe des animaux *sauvages*, ceux dont l'homme n'est le maître qu'autant qu'il les tient en son pouvoir, à la chaîne, en cage ou dans une ménagerie ; qui sont nés pour la liberté, qui en ont conservé l'instinct, et que ni la nature ni l'habitude n'ont encore façonnés au joug ou à la société de l'homme.

Il faut mettre dans cette catégorie tous les animaux de la terre et de l'air, qui mènent une vie errante et libre, et ceux qui n'ont cessé d'être libres que parce qu'ils sont actuellement enchaînés ou emprisonnés, et par conséquent ceux qui s'échappent dès qu'ils peuvent briser leurs fers ou forcer leur barrière, et qui n'annoncent pas le dessein de retourner à l'esclavage ; il faut y placer aussi les poissons.

D'après la définition que nous avons donnée de la *chasse*, il suit que la troisième classe seule peut en être l'objet ; ainsi, celui qui s'empare d'animaux compris dans les deux premières ne commet point un fait de *chasse*, mais un *vol*.

Nous examinerons plus particulièrement sous l'art. 11, ce qui constitue le fait de chasser, relativement à la prohibition prononcée par la loi.

Les exceptions ci-après. — Il n'existe qu'une seule exception, laquelle est déterminée par l'art. 2.

Si la chasse n'est pas ouverte. — *Voy.* l'art. 3.

Délivré. — Ainsi il ne suffit pas que la demande en ait été faite, il faut encore que la *délivrance* en ait été effectuée ; c'est ce qui avait été déjà jugé par arrêts de la Cour de cassation des 24 décembre 1819 et 7 mars 1823.

Mais le chasseur doit-il être porteur du permis de chasse ? *Voy.* l'art. 11.

Autorité compétente. — *Voy.* l'art. 5.

Nul n'aura. — La chasse sur le terrain d'autrui est l'objet de préjugés qu'il importe de détruire.

Dans le système de la loi romaine, le droit de chasser, en quelque lieu que ce fût, était reconnu à chacun ; c'était, suivant les Institutes, une faculté dérivant du droit des gens ; seulement le propriétaire pouvait interdire l'entrée de son fonds aux chasseurs.

Sous l'empire du régime féodal, le droit de chasse fut un élément du droit de propriété, et tout propriétaire put l'exercer sur ses terres ; ce droit était modifié, altéré et même parfois complétement anéanti par celui du Seigneur justicier, qui pouvait chasser sur les terres de son vassal, tantôt concurremment, tantôt exclusivement.

Le décret du 3 novembre 1789 abolit le droit seigneurial, et posa en principe que « tout propriétaire a le droit de détruire et « faire détruire, *seulement sur ses pos-* « *sessions,* toute espèce de gibier. » L'article 1er de la loi du 30 avril 1790 défendit à toute personne de chasser, en quelque temps et de quelque manière que ce soit, sur le terrain d'autrui sans son consentement. L'article 1er de la loi actuelle ne fait que confirmer ce principe.

Il est donc évident que la législation qui nous régit n'admet pas la règle déduite du droit des gens, par Justinien, et que les avantages de la chasse sont un fruit du sol, comme tous ceux que la terre produit naturellement à son possesseur. Ainsi, chasser sur le fonds d'autrui sans son consentement, ce n'est pas exercer un droit légitime, c'est violer le droit de propriété et y porter atteinte, non-seulement en ce qui est de l'entrée sur un terrain étranger, mais encore et principalement en ce qui est de la chasse. M. Richond des Brus, député, se trompait gravement lorsqu'il disait :

Si vous maintenez l'obligation de se munir du consentement préalable, je n'hésite pas à le dire, vous confisquez le droit de chasse ; car qu'est-ce qu'un droit qu'on ne tient ni de soi, ni de la loi, et qu'on ne peut exercer qu'avec le consentement d'autrui ? Ce n'est plus qu'une tolérance, une concession gracieuse, une permission de glaner après le propriétaire... Mais qui oserait l'appeler encore un droit ? Eh bien, messieurs, je veux le maintenir ce droit, parce qu'il nous est acquis par une longue jouissance, parce qu'il est une des conquêtes de nos pères en 89, et parce qu'il n'y a pas de motifs légitimes pour nous en dépouiller.

Jamais, depuis l'abolition du régime féodal, nul n'a eu le droit de chasser sur le bien d'autrui, et n'a pu le faire légitimement qu'à titre *de tolérance* et *de concession gracieuse*. C'est se méprendre étrangement sur le caractère des lois abolitives de la féodalité, que de supposer qu'elles ont eu pour effet d'appeler au droit de chasser, d'autres que les propriétaires : l'affranchissement et la liberté de la propriété ont été le but de la révolution qui s'est opérée à cet égard, et ce n'eût pas été la libérer que de transmettre aux oisifs de toutes les classes et de toutes les moralités, le droit qu'on enlevait aux seigneurs.

Peu importe d'ailleurs le plus ou le moins d'étendue de la propriété sur laquelle on a chassé sans le consentement du propriétaire. (Cassation, 25 avril 1828.) C'est avec étonnement qu'on a vu mettre en oubli ce principe sacré, et un orateur, parlant au nom des droits du peuple, se plaindre de la nécessité d'obtenir un consentement pour chaque parcelle. Plus la propriété est petite, plus elle est respectable : c'est celle du pauvre ; le législateur doit veiller pour celui-ci, parce que la justice est trop chère pour qu'elle soit à son usage ; c'est lui que la loi doit défendre, les riches se défendent bien eux-mêmes ; le dégât qui n'est pas appréciable sur un grand domaine peut emporter le pain d'un jour, pour le misérable possesseur de la parcelle traversée par le chasseur.

D'autrui. — L'usufruitier a le droit de chasser, car il jouit de la propriété comme le propriétaire lui-même (article 678 Code civil). C'est aussi ce qu'enseignent Merlin, au *Répertoire*, v° *chasse*, et Toullier, t. IV, n° 19.

Mais le nu-propriétaire a également un droit dans la propriété ; pourra-t-il chasser concurremment avec l'usufruitier? Les auteurs précités pensent que le droit de ce dernier est exclusif, et cette décision peut être vraie en matière civile et dans un procès pendant entre le nu-propriétaire et l'usufruitier. Mais lorsqu'il s'agira de l'application de la loi de police, le premier ne pourra-t-il pas, à l'égard du ministère public, exciper de ce que le terrain sur lequel il a chassé, n'est pas la propriété d'autrui? Les lois pénales doivent toujours s'interpréter en faveur de l'accusé, et il serait difficile de soutenir que le droit de propriété est étranger au nu-propriétaire.

La même difficulté s'élèvera lorsque le propriétaire aura pleinement concédé son droit de chasse et que néanmoins il chassera; il ne pourra être poursuivi à la requête du ministère public, et le procès ne soulèvera jamais qu'une question de droit civil entre le propriétaire et son cessionnaire.

Le fermier a-t-il le droit de chasser? Un membre de la Chambre des députés avait demandé que la loi contînt à cet égard une disposition expresse. Le Ministre de la justice répondit qu'on faisait une loi sur la police de la chasse, et qu'on n'avait pas entendu établir de principe relativement à l'exercice de la chasse. C'était résoudre la question sans le vouloir, car il est évident que le fermier n'étant pas le propriétaire, et la loi n'autorisant que le propriétaire à chasser, le fermier se trouve nécessairement dans la catégorie de ceux qui chassent sur la propriété d'autrui. Il devra donc toujours justifier du consentement du bailleur, et il résulte du silence de la loi que les tribunaux pourront juger en sens divers, même dans le cas où le bail serait sans écrit.

Plusieurs arrêts de la Cour de Paris, du 19 mars 1812, de la Cour d'Angers, du 14 août 1826 et du 12 juin 1828, ont jugé qu'à défaut de disposition expresse, le droit de chasse n'était pas censé compris dans le bail. M. Duvergier, *Du louage*, n° 73, et plusieurs autres jurisconsultes enseignent la même doctrine; mais il faut considérer que ces décisions statuent sur le droit de chasse exclusif et sur les actions qui en sont la conséquence, mais non sur le consentement du propriétaire à ce que le fermier chasse sur le terrain loué. Ce sont deux choses fort différentes, car la transmission du droit de chasse en dépouille le propriétaire, qui ne peut plus ni chasser, ni empêcher de chasser; tandis que la permission n'a rien d'exclusif et n'enlève au propriétaire ni la faculté de chasser lui-même, ni celle de donner d'autres permissions.

Un arrêt de la Cour de cassation, du 13 novembre 1818, a jugé plus formellement la question qui nous occupe, en décidant qu'il y a délit lorsque le fermier ou son fils chassent sans la permission expresse du propriétaire.

Ce que nous venons de dire du fermier, on doit le dire de l'antichrésiste et de tout autre qui n'aurait sur le bien qu'un droit précaire et ne faisant pas partie du droit de propriété; ils devront toujours justifier du consentement.

Lorsqu'une propriété est indivise, le droit de chasse appartient à tous les copropriétaires. Mais les habitants d'une commune ayant droit de chasse, ne peuvent pas l'exercer *ut singuli*.

Consentement.—Le consentement diffère de la permission. *Voy*. l'article 11, 2°.

Du propriétaire ou de ses ayants droit. — L'usufruitier n'est pas l'ayant droit du propriétaire ; mais il est le propriétaire lui-même. *Voy.* supra, au mot *autrui.*

Les ayants droit du propriétaire sont ceux qui exercent ses droits relativement à la chasse.

La concession du droit de chasse peut-elle avoir lieu isolément et indépendamment de la jouissance des fruits ? cette question est fort controversée.

Il faut distinguer : Toute cession perpétuelle est interdite ; c'est l'esprit des lois abolitives de la féodalité, qui ne permettent aucune division perpétuelle des éléments de la propriété. C'est par ce motif qu'un avis du Conseil d'État du 11 octobre 1812 a décidé qu'une concession à perpétuité, d'un droit de pêche, était nulle (Cour de cassation, 21 janvier 1837).

Mais rien ne s'oppose à ce qu'un propriétaire se dépouille temporairement du droit de chasse qui lui appartient.

Le contrat dans ce cas, quels que soient sa forme, sa durée et le nom que les parties lui donnent, ne sera autre chose qu'un bail s'il est à titre onéreux; une vente ne saurait être temporaire.

Le bail est licite, ainsi qu'il résulte d'un décret du 25 prairial an XIII, lequel autorise les communes à affermer le droit des chasse, et de l'art. 11, 5°, de la loi nouvelle.

La transmission par voie de bail peut être absolue ou limitée. Ainsi, l'on peut stipuler que le fermier chassera seul et exclusivement même au bailleur, ou que celui-ci pourra chasser en même temps que le fermier; la faculté de chasser peut être personnelle à l'un et à l'autre, ou cessible à un tiers.

Mais il faut distinguer le bail de la permission; celle-ci peut être donnée moyennant un prix et ne se transforme pas pour cela en un bail.

Les ayants droit du propriétaire sont ceux qui ont reçu de lui la faculté de chasser et de permettre de chasser; la permission personnelle ne comporte pas l'autorisation de faire chasser par d'autres ou de consentir utilement, dans le sens de la loi nouvelle.

C'est ici que se présentent les solutions de la jurisprudence relative au fermier d'un fonds; les arrêts précités ont jugé que celui-ci n'était pas l'ayant droit du propriétaire quant à la chasse ; en prenant ces décisions pour règle, on devrait reconnaître que le ministère public ne serait pas suffisamment autorisé à poursuivre sur la plainte d'un fermier (art. 26), et, d'un autre côté, que le chasseur muni d'une autorisation du fermier ne serait pas à l'abri d'une condamnation requise par le propriétaire.

Mais, comme nous l'avons dit plus haut, ces décisions ne préjugent pas la question de savoir si le ministère public peut poursuivre d'office le fermier qui aurait chassé dans les vignes louées avant les vendanges.

Un arrêt de la Cour de cassation du 29 décembre 1821, a jugé que le chasseur de bonne foi, porteur du consentement du propriétaire, doit être excusé, encore que celui-ci ait cédé son droit de chasse. L'alternative contenue dans le texte de la loi nouvelle, confirme cette décision.

Le consentement donné par un copropriétaire indivis suffit ; il est propriétaire du tout, car on ne peut indiquer quelle parcelle ne lui appartient pas.

ARTICLE 2.

Le propriétaire ou possesseur peut chasser ou faire chasser en tout temps, sans permis de chasse, dans ses possessions attenant à une habitation et entourées d'une clôture continue faisant obstacle à toute communication avec les héritages voisins.

L'instruction précitée du Ministre de la justice porte ce qui suit :

L'article 2 admet une exception au principe général posé dans l'article 1er : L'exception est beaucoup plus restreinte qu'elle ne l'était sous l'empire de la loi du 30 avril 1790. Cette dernière loi permettait au propriétaire ou possesseur de chasser en tout temps dans ses bois et dans celles de ses possessions qui étaient séparées des héritages voisins par des murs ou des haies vives, lors même qu'elles étaient éloignées d'une habitation. Dans certains départements, où presque tous les champs sont clos de haies, l'exception détruisait la règle; d'un autre côté, on a reconnu que la chasse dans les bois à l'époque de la reproduction du gibier, était aussi nuisible que la chasse en plaine. On a senti la nécessité de limiter l'exception, autant que possible; elle n'est donc accordée que pour les possessions attenant à une habitation, et il faudra encore que ces possessions soient entourées d'une clôture continue, formant obstacle à toute communication avec les héritages voisins.

J'appelle votre attention sur les termes employés par l'article 2 pour désigner la clôture. Les expressions les plus fortes ont été choisies à dessein, pour bien faire comprendre qu'il ne s'agit pas ici d'une de ces clôtures incomplètes comme on en rencontre beaucoup dans les campagnes, mais d'une clôture non interrompue et tellement parfaite, qu'il soit impossible de s'introduire par un moyen ordinaire dans la propriété qui en est entourée.

Les modes de clôture ne sont pas les mêmes dans toute la France. Ils sont très-nombreux et varient à l'infini suivant les localités. C'est pour ce motif qu'il a paru nécessaire de ne pas indiquer dans la loi un genre de clôture plutôt qu'un autre, et de se contenter d'une définition qui serve de règle aux tribunaux.

Possesseurs. —Le mot possesseur ne se trouve pas dans l'article 1er; un membre de la Chambre des députés demanda que la signification de ce mot fût expliquée et qu'on décidât si le fermier s'y trouvait compris. Un membre de la commission répondit :

Tout cela est du domaine de la loi civile, du domaine des tribunaux et de la jurisprudence. Le fermier aura-t-il le droit de jouir du bénéfice de la loi ? Ou son bail aura prévu le cas, ou les décisions de la jurisprudence auront fixé déjà d'avance, et fixeront pour l'avenir, au besoin, le droit des fermiers. Les *ayants droit*, c'est tout dire ; les *possesseurs*, c'est indiquer encore nettement le principe qui doit présider à la solution. Les termes que nous avons employés comprennent les usufruitiers, les emphytéotes, tous ceux, en un mot, qui représentent à un titre quelconque le propriétaire, soit par délégation, soit par la force de la loi, tous ceux qui auront ses droits, qui auront le droit de jouir du même avantage dont il aurait joui lui-même.

Cette réponse n'est rien moins que satisfaisante, et ne démontre que l'embarras de l'orateur.

Ayant droit et *possesseur* ont deux significations fort distinctes, car l'ayant droit peut très-bien n'être pas possesseur.

D'un autre côté, ce dernier mot n'a pas, dans le texte sus-transcrit, le sens que lui attribue l'art. 2236 C. C., puisqu'il comprend dans la loi nouvelle, les emphytéotes et les usufruitiers, qu'il ne comprend pas dans le Code civil.

D'ailleurs le terme *possession*, employé dans le même texte, indique clairement qu'il s'agit d'autres choses que de la possession légale.

C'était donc une valeur nouvelle qu'on donnait à ce mot, et il eût été sage de l'expliquer.

Quoi qu'il en soit, nous pensons qu'il s'applique ici à toute personne jouissant, à un titre quelconque, d'une habitation et d'un enclos y attenant. La raison donnée et reconnue comme étant celle de l'exception, est le respect du domicile ; et ainsi qu'on l'a justement fait observer, le domicile du fermier n'est pas moins respectable que celui du propriétaire. Les agents de la police n'ont donc pas le droit de pénétrer dans la possession close, au préjudice du possesseur, quel qu'il soit. C'est une application du principe que chacun est maître chez soi.

Après le vote de l'article, il s'éleva une discussion sur le point de savoir si un propriétaire aurait le droit de venir chasser dans l'enclos attenant à l'habitation qu'il a louée. Ce droit lui appartient incontestablement, relativement au ministère public, car il est propriétaire de l'enclos attenant à une habitation qui est sa possession. Mais entre lui et son fermier il s'élèvera un procès qui sera jugé au civil; et il en sera de même si le propriétaire prétend que le fermier n'a pas le droit de chasser dans le parc attenant à la maison louée.

Ce qui résulte de la loi, c'est que dans toute possession attenante à une maison habitée et entourée de clôture, tout individu propriétaire ou possesseur peut chasser en tout temps et sans permis de chasse.

Faire chasser. — Ainsi celui qui chassera dans l'enclos, par ordre ou par permission du propriétaire ou du possesseur, aura le même droit que lui.

En tout temps. — De jour et de nuit et par tous moyens, sauf néanmoins l'effet des règlements de la police municipale, en ce qui la concerne.

Possessions. — Quelle qu'en soit la nature, bois, prés, vignes, terres labourables, encore qu'elles soient couvertes de récoltes et quelles que soient ces récoltes.

Attenant. — Sous l'empire des lois de 1790 et de 1812, il était loisible de chasser en tout temps, dans une propriété close et sans permis de port d'armes, dans le clos attenant à l'habitation; cette distinction résultait tant de la loi que de la jurisprudence. La disposition nouvelle restreint la faculté à l'enclos qui fait partie du domicile.

Habitation.

On nous demande, dit un membre de la commission, de définir exactement le sens du mot *habitation*. Le mot habitation ne figure pas pour la première fois dans nos lois : il se trouve dans le Code pénal et dans le Code forestier. C'est aux tribunaux, lorsque dans certains cas particuliers, il peut se présenter des difficultés à cet égard, c'est aux tribunaux de décider s'il y a ou non véritable habitation. Je fais seulement observer que la même personne peut avoir plusieurs habitations, et c'est précisément pour cela qu'on voit des propriétaires astreints à plusieurs contributions mobiliaires. Je reviens à notre principe déterminant. Nous ne nous préoccupons exclusivement ni de l'intérêt de la propriété, ni, comme le fait la législation anglaise, exclusivement de l'intérêt de la reproduction du gibier. En Angleterre, en tout temps, pour tous les parcs et héritages, quand la chasse est prohibée, elle l'est pour tout le monde. Nous prenons dans la loi de 1790 un principe respectable ; mais ce principe que cette loi a appliqué à tous les enclos, nous le restreignons aux enclos attenant à l'habitation. Je le répète, pour nous, d'après le Code pénal, d'après le Code forestier, d'après nos mœurs, ce n'est pas seulement la maison qui constitue le domicile ; c'est encore l'enclos attenant à la maison, dépendant de la maison, qui s'y incorpore et ne fait qu'un avec l'habitation.

Quoique l'orateur semble renvoyer, pour la signification du mot habitation, au Code pénal et au Code forestier, il est certain qu'il n'a pas, dans la loi nouvelle, la même signification que dans les lois citées. Suivant le Code pénal, art. 390, « est réputée maison habitée tout bâti-

« ment, loge, cabane, même mobile, qui, « sans être actuellement habité, est destiné « à l'habitation. » Il est évident, au contraire, que le bénéfice de la loi actuelle ne peut s'appliquer à une loge ou cabane mobile, ni même à une maison non actuellement habitée. Déjà la Cour de cassation avait refusé d'étendre la définition du Code pénal aux matières de chasses (arrêts des 7 mars et 20 juin 1823); c'est donc fort inexactement que cette disposition a été rappelée dans la discussion. Le véritable sens du mot habitation est laissé à l'arbitraire des tribunaux; nous verrons tout à l'heure qu'il en est autant du mot clôture; le vague et l'indécision ne sont pas le caractère d'une bonne loi, ni un signe de la capacité du législateur.

Clôture. — On a demandé avec insistance une définition exacte de la clôture prévue par l'art. 2. Le Ministre de la justice a répondu :

Les clôtures varient d'une manière presque indéfinie selon les localités. Il est bien clair que si la loi avait voulu définir ce qui constitue la clôture, elle aurait été incomplète, et il aurait fallu refuser de l'appliquer dans tel ou tel cas qu'elle n'aurait pas pu prévoir. La loi a été plus sage, elle détermine seulement l'état dans lequel doit être une clôture pour qu'elle ait ce caractère. Il faut qu'il y ait impossibilité de communication avec les héritages voisins.

Ainsi le mot clôture n'a dans la loi nouvelle, ni la signification que lui donnait la loi de 1791, ni celle que lui attribue l'art. 391 du Code pénal, puisque le législateur déclare ne pas vouloir définir cette expression. Cette étrange manière d'écrire une loi laisse à l'arbitraire des tribunaux son application qui ne pourra jamais donner ouverture à cassation, faute de texte précis.

Néanmoins, il résulte de la discussion, que la clôture n'est pas la considération déterminante de la disposition, mais bien le caractère de domicile appartenant à l'enclos. M. le rapporteur, devant la Chambre des pairs, confirmait cette observation, en disant : « C'est la continuation du domicile, ou plutôt c'est le domicile lui-même qui est protégé ; » et

M. Ressigeac, membre de la commission de la Chambre des députés, s'exprimait ainsi : « Quelle est la considération principale qui détermine notre commission? » La voici : « C'est le respect du « domicile, l'inviolabilité du domicile. »

Ainsi, l'exception s'étend non-seulement aux parcs enclos de murs, dans toutes les localités, mais encore aux jardins, vergers, bois d'agrément et autres parties du pourpris attenant à l'habitation, pourvu qu'ils soient séparés des terres environnantes par des fossés et par des haies vives, sans interruption autre que les portes ou barrières donnant issue.

Héritages voisins. — L'héritage voisin se dit, dans le langage du droit, de la propriété voisine appartenant à un autre; ici, l'expression est inexacte et signifie les terres voisines, encore qu'elles appartiennent au maître de l'enclos.

ARTICLE 3.

Les préfets détermineront, par des arrêtés publiés au moins dix jours à l'avance, l'époque de

l'ouverture et celle de la clôture de la chasse dans chaque département.

Les préfets.—Les préfets ne peuvent déléguer aux maires le pouvoir de reculer l'époque de la chasse dans leurs communes. « Il est clair, a dit M. le Garde des sceaux, « qu'un préfet ne peut déléguer le droit « que la loi lui attribue que quand la fa- « culté de déléguer est accordée par la loi. « Or, cette faculté n'étant pas donnée, le « préfet doit exercer lui-même le droit « qu'il a d'ouvrir et de clore la chasse: « c'est là la législation. »

Clôture.—Suivant un arrêt de la Cour de cassation du 7 septembre 1833, lorsqu'un arrêté détermine la clôture de la chasse, à compter d'un jour fixé, ce jour est compté dans l'interdiction.

Dans chaque département. — L'époque de l'ouverture et de la clôture devra-t-elle être la même pour tout le département? La négative résulte de la discussion. Le rapporteur disait à la Chambre des députés : « L'époque de l'ouverture

« doit varier sur les différents points du « royaume, en raison de la configuration « du sol, du mode de culture adopté dans « chaque département, et *même dans* « *chaque arrondissement* d'un départe- « ment. » M. le Garde des sceaux renouvela cette explication dans la séance du 12 février; il semble donc que telle a été la pensée de la loi.

Les mots, dans chaque département, n'ont rien de contraire à cette décision; ils expriment que le préfet sera l'autorité compétente pour déterminer l'ouverture et la clôture de la chasse dans tout le département qu'il administre.

Ce qui, au surplus, ne doit laisser aucun doute sur l'intention du législateur, c'est la discussion qui s'est élevée au sujet du droit refusé au préfet de déléguer aux maires la faculté de reculer l'ouverture de la chasse dans leurs communes; si l'époque avait dû nécessairement être la même pour tout le département, la question de délégation spéciale n'aurait pas pu s'élever.

Voy. l'article suivant, au mot *chaque département.*

Quant à la clôture, il ne paraît pas que les préfets puissent fractionner leur territoire; c'est l'époque de l'accouplement qui détermine la nécessité de suspendre la chasse; or, cette époque ne dépend pas des cultures, mais du climat qui ne varie pas dans l'étendue d'un département.

ARTICLE 4.

Dans chaque département il est interdit de mettre en vente, de vendre, d'acheter, de transporter et de colporter du gibier pendant le temps où la chasse n'y est pas permise. — En cas d'infraction à cette disposition, le gibier sera saisi, et immédiatement livré à l'établissement de bienfaisance le plus voisin, en vertu soit d'une ordonnance du juge de paix, si la saisie a eu lieu au chef-lieu de canton, soit d'une autorisation du maire, si le juge de paix est absent, ou si la saisie a été faite dans une commune autre que celle du chef-lieu. Cette ordonnance ou cette autorisation sera délivrée sur la requête des agents ou gardes qui auront opéré la saisie, et sur la présentation du procès-verbal régulièrement dressé. — La recherche du gibier ne pourra être faite à domicile que chez les aubergistes, chez les marchands de comestibles et dans les lieux ouverts au public. — Il est interdit de prendre ou de détruire, sur le terrain d'autrui, des œufs et des couvées de faisans, de perdrix et de cailles.

Dans chaque département.—Ou dans chaque arrondissement, lorsque la chasse n'aura pas été ouverte à la fois dans tout le département. La loi prévoit ici le cas le plus ordinaire, et les mots qui semblent comporter le département tout entier, n'ont pas été reproduits à l'art. 12; la prohibition de la chasse emporte celle de la vente du gibier dans toute la localité qu'elle régit. Le fractionnement du territoire, sous ce rapport, aura l'inconvénient de rendre moins complète l'exécution de la loi pendant le temps que durera la prohibition partielle; cet inconvénient existera également de département à département, et c'est une conséquence inévitable de la nécessité de retarder l'ouverture de la chasse dans certaines localités plus que dans d'autres.

Ce sera d'ailleurs le cas le plus général, et c'est par ce motif que l'art. 4 interd le transport du gibier *dans chaque département*, pendant le temps où la chasse n'est pas permise. Si la chasse est ouverte dans un arrondissement seulement, le transport sera licite dans cet arrondissement et non dans les autres. Cette différence dans le droit des localités n'a pas plus d'inconvénient d'un arrondissement à un autre, que d'un département à un département; c'est un résultat inhérent à la nécessité.

Transporter. — Le transport diffère du colportage, en ce que ce dernier mode a lieu avec l'intention de vendre, ce que ne comporte pas nécessairement le premier. La prohibition s'applique à toute personne sans exception, et à toute sorte de moyens de transport. La recherche en pourra être faite en tous lieux autres que le domicile, et toutes voitures ou tout voyageur marchant d'un lieu à un autre, pourront être fouillés. Cette mesure dégénérerait bientôt en vexation intolérable si elle était rigoureusement exécutée.

Gibier. — Nous avons expliqué, dans

l'art. 1er, ce qu'on devait entendre par gibier ; ce sont tous les animaux sauvages qui font l'objet de la chasse. Quant aux animaux de nature sauvage, mais élevés comme animaux domestiques, ils ne tombent pas sous l'application de la loi. Ainsi, les lapins de clapier, les faisans de basse-cour, quoique sauvages de leur nature, ne sont pas du gibier.

Les loups, renards, blaireaux, putois, fouines, martres, etc., quoique gibier dans la langue du chasseur, n'ont pas ce caractère dans la loi nouvelle, dont l'objet est la conservation du gibier. Ce sont des bêtes fauves qui portent dommage aux propriétés, qu'il est permis en tout temps, au propriétaire ou au fermier, de détruire (art. 9), et par conséquent de vendre, de colporter et d'acheter.

Une autre distinction relative à la nature du gibier est établie par l'instruction du Ministre de la justice, en ces termes :

Il est inutile de faire observer que le gibier d'eau et les oiseaux de passage pourront être vendus et transportés pendant le temps où la chasse en sera permise par les arrêtés des préfets, lors même que la chasse, et conséquemment la vente et le transport du gibier ordinaire, seraient interdits.

Quelle que soit d'ailleurs l'origine du gibier, l'interdiction subsiste ; ainsi, le gibier provenant des pays étrangers, ou des parcs et enclos où la chasse est de droit, ou des départements où la chasse est ouverte, ne peut être vendu ou transporté dans un département où la chasse est interdite, même pour être conduit dans un autre où la chasse est ouverte. C'est ce qui résulte de la discussion fort longue à laquelle a donné lieu cet alinéa.

La loi s'applique également au gibier mort ou vivant, cuit ou cru, à plume ou à poil. Cependant il ne paraît pas que le législateur ait entendu autoriser la recherche de l'origine et de la matière première des pâtés, et autres préparations culinaires dans lesquelles le gibier peut être employé. Un arrêt de la Table de marbre, du 17 avril 1674, était plus prévoyant, et défendait expressément aux pâtissiers, rôtisseurs et autres, de vendre ou acheter aucuns lièvres ou perdrix, bêtes fauves blanches ou noires, « et de les *mettre en* « *pâte*, à peine de confiscation desdites « bêtes, venaisons et *pâtés.* » Ainsi, aujourd'hui, le gibier pourra voyager en tout temps, sous une forme étrangère, et les consommateurs ne s'exposeront pas à l'amende en achetant des pâtés composés de lièvres et de perdrix défigurés par la main du pâtissier.

Etablissement de bienfaisance.—Le gibier saisi devra être consommé dans l'établissement, car il n'en pourra plus sortir sans qu'il y ait transport, vente ou achat; la prohibition est générale et absolue; c'est d'ailleurs ce qui a été reconnu dans la discussion.

A domicile.—Mais ailleurs qu'au domicile, la recherche pourra être faite à l'égard de toute personne et en tout lieu. *Voy.* nos observations sur le mot *transporter.*

Détruire.—La permission d'acheter, de vendre, de transporter et de colporter des œufs de perdrix, de faisans et de cailles, est absolue ; ce n'est que la prise ou lá destruction sur le terrain d'autrui, qui est interdite. La loi d'ailleurs n'établit aucune présomption de ce délit, même contre le colporteur qui ne possède aucune propriété et qui par conséquent n'a pu prendre les œufs sur son terrain : il peut les tenir médiatement ou immédiatement du propriétaire.

Terrain d'autrui. — Le propriétaire peut prendre ou détruire les œufs et couvées sur son terrain ; en définitive, la disposition consacre une sorte de propriété plus spéciale à l'égard des œufs de faisans, de cailles et de perdrix qu'à l'égard des autres, ce qui s'explique assez difficilement ; quoi qu'il en soit les préfets ont le droit d'interdire la destruction de toute espèce de nids ou couvées, aux termes de l'article 9, même aux propriétaires.

Couvées. — Les couvées sont les petits récemment éclos ; ainsi les petits n'ont pas le caractère de gibier lorsqu'ils sont d'une autre espèce que celles qui sont indiquées ici. M. Delespaul avait demandé que la disposition fût étendue à tout ce qui est gibier, par exemple, aux jeunes lièvres; sa proposition n'eut pas de suite, et fut renvoyée à l'article 9.

Cailles. —L'interdiction de prendre ou de détruire sur le terrain d'autrui n'a lieu qu'à l'égard des œufs de perdrix, cailles et faisans; il ne faut pas croire néanmoins que le droit de détruire les œufs de toute autre espèce appartienne à tout le monde; seulement, la loi n'en a pas fait l'objet d'une disposition spéciale; mais un propriétaire sera toujours libre d'empêcher de chercher les nids sur sa terre, comme d'y faire toute autre recherche ou toute autre espèce de chasse. *Voy.* l'art. 26.

ARTICLE 5.

Les permis de chasse seront délivrés, sur l'avis du maire et du sous-préfet, par le préfet du département dans lequel celui qui en fera la demande aura sa résidence ou son domicile. — La délivrance des permis de chasse donnera lieu au paiement d'un droit de quinze francs (15 fr.) au profit de l'État, et de dix francs (10 fr.) au profit de la commune dont le maire aura donné l'avis énoncé au paragraphe précédent. — Les permis de chasse seront personnels; ils seront valables pour tout le royaume, et pour un an seulement.

Avis. — L'avis du maire et du sous-préfet ne doit contenir que l'énonciation des conditions exigées par la loi pour l'obtention du permis de chasse; cet avis ne peut être refusé.

Une instruction du Ministre de l'intérieur du 20 mai 1844 porte ce qui suit, à cet égard :

Le permis de chasse doit être délivré *sur l'avis du maire et du sous-préfet*, d'où il faut inférer que c'est au maire que la demande, formulée sur papier timbré, doit être adressée, pour qu'elle vous parvienne avec l'avis de ce fonctionnaire, par l'intermédiaire du sous-préfet pour les arrondissements autres que celui du chef-lieu. Mais de même que le permis de chasse peut être pris dans le département où l'impétrant *a sa résidence ou son domicile,* de même aussi, la demande peut être formée devant le maire de la commune où l'impétrant est domicilié, ou de celle où il réside temporairement, et le choix ici n'est pas sans importance. En effet, aux termes du deuxième paragraphe de l'art. 5, un droit de 10 fr. par permis est attribué à la commune *dont le maire aura donné l'avis sus-énoncé.* Comme les communes rurales sont celles qui ont le plus besoin de cette nouvelle branche de ressources, et que cet intérêt doit porter les maires à surveiller les citoyens qui se livreraient à l'exercice de la chasse sans *permis,* il est nécessaire de ne délivrer de *permis* qu'à ceux qui justifieront positivement de leur résidence ou de leur domicile.

Il sera nécessaire d'ailleurs, monsieur le préfet, que vous fixiez bien l'opinion de MM. les sous-préfets et maires sur la nature de l'avis qu'ils auront à vous donner sur les demandes du permis de chasse qu'ils vous transmettront. Ainsi, cet avis ne devra pas exprimer vaguement qu'il y a ou qu'il n'y a pas lieu de délivrer le permis demandé. Comme la loi ne vous a pas laissé le droit absolu de délivrer ou de refuser des permis de chasse ; comme l'obtention du permis est le droit général, et que la faculté du refus n'est que le droit exceptionnel, il s'ensuit que les avis des maires et des sous-préfets doivent 1° lorsqu'ils sont favorables, exprimer qu'il n'est pas à la connaissance de ces fonctionnaires que l'impétrant se trouve dans aucune des catégories pour lesquelles le permis ne pourrait être délivré, et 2° si les avis sont défavorables, exprimer que l'impétrant se trouve, à leur connaissance, dans telle ou telle position qui fait obstacle à la délivrance d'un permis de chasse.

Il sera bien également que vous rappeliez à MM. les sous-préfets et maires qu'ils n'ont pas à s'occuper dans leurs avis de la question de savoir si l'impétrant est ou n'est pas propriétaire foncier. Aucun des articles de la loi du 3 de ce mois n'a exigé la qualité de propriétaire comme condition de l'exercice de la chasse, et l'autorité ne peut, à cet égard, faire ce que la loi n'a pas fait. Sans doute, le deuxième paragraphe de l'art. 1er porte que *nul n'aura la faculté de chasser sur la propriété d'autrui sans le consentement du propriétaire ou de ses ayants droit;* d'où il résulte que chasser sur le terrain d'autrui sans le consentement du propriétaire est un fait illicite. Mais il est à remarquer que ce fait, aux termes de l'art. 26, ne donne lieu à des poursuites, en thése générale, que sur la plainte du propriétaire. L'administration ne peut donc pas plus intervenir ici d'office que ne le peut l'autorité judiciaire; elle ne peut pas plus exiger, avant de délivrer le permis, la représentation d'un permis de chasser sur le terrain d'autrui, qu'elle ne peut exiger de la part de l'impétrant la preuve qu'il est propriétaire foncier.

Dans les arrondissements qui n'ont pas de sous-préfet, l'avis du maire suffit.

Résidence. — Quelque temporaire qu'elle soit.

Dix francs. — La loi a un double caractère, celui de loi de police et celui de loi fiscale; la nécessité du permis de chasse est un impôt.

Commune.—L'instruction du Ministre de l'intérieur du 20 mai 1844 contient ce qui suit :

L'art. 5 de la loi attribue aux communes une ressource nouvelle qui devra désormais figurer dans leurs budgets et dans leurs comptes. Ce produit prendra rang parmi les recettes ordinaires, et fera, dans le budget, un article de recette spécial, sous le titre de : *Portion afférente à la commune dans le produit de la délivrance des permis de chasse*. M. le Ministre des finances déterminera le mode et l'époque du versement de ce produit dans la caisse municipale.

L'art. 19 attribue également aux communes sur le territoire desquelles auront été commis des délits de chasse le montant des amendes prononcées contre les délinquants, déduction faite des gratifications accordées aux gardes et gendarmes, en vertu de l'art. 10. Jusqu'ici ce produit était compris parmi les amendes de police correctionnelle, et se confondait dans le fonds commun, dont le tiers appartient aux hospices pour le service des enfants trouvés, et les deux tiers sont distribués en secours aux communes pauvres. Désormais il devra être réuni aux recettes énoncées dans le n° 12 de l'art. 31 de la loi du 18 juillet 1837, et qui se rapportent à « la portion que les lois accordent aux communes dans le produit des amendes prononcées par les tribunaux de simple police, par ceux de police correctionnelle, et par les conseils de discipline de la garde nationale. »

Malgré la confusion de ces diverses amendes en un seul article du budget, il vous sera facile de reconnaître celles qui proviennent des délits de chasse, au moyen du compte détaillé que les receveurs de l'enregistrement et des domaines sont tenus de fournir, dans le cours de janvier de chaque année, des sommes qu'ils ont recouvrées au profit des communes pendant l'année précédente. Je désire que vous m'adressiez annuellement un état faisant connaître, par arrondissement, le chiffre exact des amendes de chasse, afin qu'on puisse se rendre compte d'une manière précise des effets résultant de l'exécution de la loi nouvelle et des ressources qu'elle procurera aux communes. Cet état contiendra aussi le relevé, par arrondissement, des sommes revenant aux communes sur le produit de la délivrance des permis de chasse.

Je n'ai rien à prescrire pour assurer le recouvrement des sommes provenant des amendes dont il s'agit, puisque les dispositions des art. 2 et 3 de l'ordonnance du 30 décembre 1823, qui fournissent à MM. les préfets les moyens de contrôler et de vérifier le travail des receveurs de l'enregistrement, sont applicables à l'espèce. Je vous engage à vous reporter pour les détails de ce service aux articles 795, 796 et 798 de l'instruction générale des finances du 17 juin 1840.

Les communes emploieront à l'ensemble de leurs besoins les nouvelles ressources dont elles viennent d'être dotées, et auxquelles la loi n'assigne aucune affectation spéciale. Il n'est pas à craindre que ces ressources soient jamais dissimulées, et donnent lieu à des comptabilités occultes. Vous serez toujours à même d'en constater l'encaissement par les receveurs municipaux, et d'en surveiller l'emploi, puisque c'est à vous qu'il appartient de délivrer les permis de chasse, et que, d'une autre part, la distribution des sommes entre les communes qui peuvent y avoir des droits ne saurait se faire que sur des états soumis à votre contrôle et à votre approbation.

Le plus souvent les permis de chasse seront délivrés sur l'avis du maire d'une ville; il en résultera que l'impôt ne tournera pas au profit de la commune rurale dans laquelle s'exercera la chasse, en sorte que le but évident de la loi sera le plus souvent manqué.

Tout le royaume. — Le porteur du permis n'a besoin de le faire viser dans aucune partie du royaume. (Arrêt de la Cour de Lyon du 20 janvier 1825.)

Un an seulement. — Le jour où la délivrance a lieu, compte dans l'année; ainsi un permis délivré le 20 août 1844, ne peut plus servir le 20 août 1845. (Cassation, 17 mai 1828.)

ARTICLE 6.

Le préfet pourra refuser le permis de chasse: 1° A tout individu majeur qui ne sera point personnellement inscrit, ou dont le père ou la mère ne serait pas inscrit au rôle des contributions; — 2° A tout individu qui, par une condamnation judiciaire, a été privé de l'un ou de plusieurs des droits énumérés dans l'art. 42 du Code pénal, autres que le droit de port d'armes; — 3° A tout condamné à un emprisonnement de plus de six mois pour rébellion ou violence envers les agents de l'autorité publique; — 4° A tout condamné pour délit d'association illicite, de fabrication, débit, distribution de poudre, armes ou autres munitions de guerre; de menaces écrites ou de menaces verbales, avec ordre ou sous condition; d'entraves à la circulation des grains; de dévastation d'arbres ou de récoltes sur pied, de plants venus naturellement ou faits de main d'hommes; —5° A ceux qui auront été condamnés pour vagabondage, mendicité, vol, escroquerie ou abus de confiance. — La faculté de refuser le permis de chasse aux condamnés dont il est question dans les paragraphes 3, 4 et 5 cessera cinq ans après l'expiration de la peine.

Pourra. — La faculté accordée au préfet, de refuser le permis de chasse, a été l'objet d'une longue et vive discussion.

Le projet du gouvernement contenait cette addition : « Celui à qui le permis « aura été refusé pourra se pourvoir au« près du Ministre de l'intérieur, qui sta« tuera. » Ce paragraphe ayant été retranché, M. le Garde des sceaux, sur la demande d'un député, donna l'explication suivante :

« La pensée qui a fait supprimer la disposition a été qu'il était même dangereux de l'insérer dans la loi, parce que, dans toutes les lois où elle ne se trouve pas, on pourrait dire que cette faculté n'existe pas. *Cette faculté est de droit; elle n'a pas besoin d'être écrite dans l'article.* »

Individu. — M. Crémieux avait proposé, par amendement, d'ajouter : « l'ex« ception n'est pas applicable aux officiers

« de terre et de mer. » Cet amendement a été rejeté, d'où il suit que le permis de chasse peut leur être refusé s'ils ne sont pas inscrits conformément au paragraphe premier.

Un second amendement avait pour objet d'autoriser le refus de permis « à l'interdit et à tout individu notoirement « connu pour ne pas être sain d'esprit. » Cet amendement a également été rejeté.

Le père ou la mère.— Ces expressions ne comprennent point les ascendants. On avait proposé d'ajouter à l'article ces mots : « Et autres ascendants. » La commission s'y opposa, et il resta convenu que l'inscription des père et mère seuls pourrait profiter à l'enfant non inscrit.

Le projet exigeait que l'individu non inscrit habitât avec ses père et mère ; cette condition a été retranchée.

Inscrit au rôle. — L'instruction du Ministère de l'intérieur porte ce qui suit :

Mais s'il vous est loisible de refuser un permis de chasse à tout citoyen majeur, par le seul motif qu'il ne serait ni imposé ni fils d'imposé, et si la qualité d'imposé ou de fils d'imposé est la première condition déterminée par la loi, pour qu'un citoyen majeur ait le droit d'obtenir un permis de chasse, vous reconnaîtrez sans doute que ce serait faire de ce principe une application trop rigoureuse et trop étendue, que d'exiger de tout impétrant qu'il vous justifie qu'il est imposé ou fils d'imposé. L'absence de cette condition est une rare exception, et puisque la presque totalité des citoyens majeurs sont nécessairement imposés ou fils d'imposés, ce ne serait plus exiger qu'une formalité inutile, que d'astreindre *tous les impétrants* à joindre à leur demande un certificat ou extrait de rôle. Il suffira, ce me semble, que vous exigiez cette production de ceux à l'égard desquels vous auriez des doutes sur la question de l'inscription au rôle, et dans le cas où vous croiriez devoir vous appuyer de la non-inscription pour refuser le permis demandé.

Condamnation judiciaire. — Cette condamnation doit-elle être postérieure à la loi du 3 mai 1844? L'instruction du Ministre de l'intérieur tranche ainsi cette question qui ne nous paraît pas sans difficulté :

Je terminerai en vous faisant remarquer, monsieur le préfet, que le refus du permis peut être opposé, dès à présent, à tous les individus compris dans les cas énumérés aux numéros 2, 3, 4 et 5 de l'article 6, et 1, 2 et 3 de l'article 8, bien que les condamnations prononcées contre eux l'aient été antérieurement à la promulgation de la loi du 3 mai dernier, et ce ne sera pas là donner à cette loi un effet rétroactif; cela résulte clairement de la rédaction même des articles précités, qui appliquent le refus du permis de chasse à tout individu *qui a été condamné;* s'il ne s'agissait pas, en effet, des condamnations déjà prononcées, le législateur aurait évidemment dit : *à tout individu qui sera condamné.* La privation du droit de chasse ne peut, d'ailleurs, être considérée comme une peine ou une aggravation de peine; c'est seulement une mesure de précaution que la loi permet ou prescrit de prendre dans un intérêt de sûreté publique. Aussi, ajouterai-je que si, par l'effet d'une erreur, vous aviez été entraîné à délivrer un permis de chasse à un individu à qui il n'eût pas dû être accordé, vous ne devriez pas hésiter à le retirer, et, dans le cas où cet individu ne se soumettrait pas à cette mesure, à appeler sur lui l'attention des agents préposés à la répression des délits de chasse.

A été privé. — La privation des droits prévus par l'art. 42 du Code pénal peut n'être que temporaire, et la durée de la faculté du refus n'est limitée par le paragraphe final de notre article, que pour les paragraphes 3, 4 et 5. Il semble résulter de ce rapprochement qu'il suffit d'*avoir été* condamné à la privation d'un des droits prévus, pour être perpétuellement exposé au refus facultatif du permis de chasse. Mais nous ne pensons pas qu'il en soit ainsi. La peine prononcée par l'art. 42 du Code pénal est assurément moins grave que celles qui sont mentionnées dans les paragraphes 3, 4 et 5 de notre article, et cependant la loi se montrerait plus sévère dans le premier cas que dans le second; ensuite, l'art. 8 arrivant à l'hypothèse réservée de la privation du port d'armes, ne refuse le permis de chasse qu'à ceux qui *sont* privés dudit droit; cette disposition nous semble expliquer suffisamment le paragraphe 2 de l'art. 6, et restreindre son application à la durée des condamnations.

Droit de port d'armes.—*Voy*. l'article suivant. Les droits énumérés dans l'art. 42 du Code pénal, et dont parle l'article sustranscrit, sont ceux : 1° de vote et d'élection; 2° d'éligibilité; 3° d'être nommé aux fonctions de juré ou autres fonctions publiques, ou aux emplois de l'administration, ou d'exercer ces fonctions ou emplois ; 4° de vote et de suffrage dans les délibérations de famille ; 5° d'être tuteur, curateur, si ce n'est de ses enfants ; 6° d'être expert ou employé comme témoin dans les actes ; 7° de témoignage en justice.

ARTICLE 7.

Le permis de chasse ne sera pas délivré : — 1° Aux mineurs qui n'auront pas seize ans accomplis ; — 2° Aux mineurs de seize à vingt et un ans, à moins que le permis ne soit demandé pour eux par leur père, mère, tuteur ou curateur, porté au rôle des contributions ; — 3° Aux interdits ; — 4° Aux gardes champêtres ou forestiers des communes et établissements publics, ainsi qu'aux gardes forestiers de l'État et aux gardes-pêche.

Ne sera pas délivré. — Ici le refus cesse d'être facultatif.

On lit au *Moniteur* : « M. Delespaul. « La femme mariée aura-t-elle besoin de « l'autorisation de son mari ? (*exclama-« tions.*) » Cette étrange manière d'exprimer sa pensée, de la part du législateur, a laissé la question sans réponse. Nous croyons que ce serait tout au plus un sujet de contestation entre le mari et la femme, mais que le préfet ne serait pas fondé à refuser un permis de chasser à une femme majeure et inscrite au rôle des contributions, sous le prétexte qu'elle ne serait pas munie de l'autorisation maritale. Il a été jugé que le décret de 1812, quoique ne concernant que « *celui* qui sera trouvé « chassant, » s'appliquait également à la femme; il est juste de décider, par le même motif, que les femmes sont comprises dans les dispositions générales et jouissent des mêmes droits que leurs maris, tant qu'une exception n'est pas formellement écrite.

Gardes champêtres. — Interpellé sur le point de savoir si les gardes particuliers devront prendre un permis de chasse, M. le Garde des sceaux a répondu :

« Il est évident que s'ils doivent chasser, ils devront prendre un permis de chasse ; s'ils ne doivent pas chasser, ils n'auront pas besoin de permis de chasse. Mais, d'un autre côté, ils auront le droit de porter leurs armes. »

ARTICLE 8.

Le permis de chasse ne sera pas accordé, —

1° A ceux qui, par suite de condamnation, sont privés du droit de port d'armes ; — 2° A ceux qui n'auront pas exécuté les condamnations prononcées contre eux pour l'un des délits prévus par la présente loi ; — 3° A tout condamné placé sous la surveillance de la haute police.

Sont privés. — L'interdiction cesse en même temps que la privation, et par conséquent par la réhabilitation, lorsque la peine a été infamante (art. 619, C.), et par l'expiration du temps fixé par le jugement de condamnation, lorsque la peine a été celle de l'art. 42 du Code pénal. *Voy.* l'art. 6, v° *a été.*

Exécuté. — Suivant l'instruction du Ministre de l'intérieur, lorsqu'un impétrant aura, à la connaissance du préfet, subi une condamnation pour délit de chasse, en vertu de la loi du 3 mai 1844, on devra exiger de lui la preuve qu'il a exécuté la condamnation contre lui prononcée.

ARTICLE 9.

Dans le temps où la chasse est ouverte, le permis donne à celui qui l'a obtenu le droit de chasser de jour, à tir et à courre, sur ses propres terres, et sur les terres d'autrui avec le consentement de celui à qui le droit de chasse appartient.

Tous autres moyens de chasse, à l'exception des furets et des bourses destinés à prendre le lapin, sont formellement prohibés.

Néanmoins les préfets des départements, sur l'avis des conseils généraux, prendront des arrêtés pour déterminer :

1° L'époque de la chasse des oiseaux de passage, autres que la caille, et les modes et procédés de cette chasse ;

2° Le temps pendant lequel il sera permis de chasser le gibier d'eau, dans les marais, sur les étangs, fleuves et rivières ;

3° Les espèces d'animaux malfaisants ou nuisibles que le propriétaire, possesseur ou fermier, pourra en tout temps détruire sur ses terres, et les conditions de l'exercice de ce droit, sans préjudice du droit appartenant au propriétaire ou au fermier de repousser ou de détruire, même avec des armes à feu, les bêtes fauves qui porteraient dommage à ses propriétés.

Ils pourront prendre également des arrêtés :

1° Pour prévenir la destruction des oiseaux ;

2° Pour autoriser l'emploi des chiens lévriers, pour la destruction des animaux malfaisants ou nuisibles ;

3° Pour interdire la chasse pendant les temps de neige.

Ouverte. — Sur l'ouverture de la chasse *voy.* l'art. 3.

Donne. — Sous le rapport de la police, car ainsi que nous l'avons établi dans l'article 1er, le droit de chasser est inhérent au droit de propriété.

De jour. — La chasse de nuit est expressément interdite; *voy.* l'art. 12, 3°.

L'interdiction ne s'étend pas nécessairement à l'affût qui n'a lieu qu'après le coucher du soleil; à la Chambre des pairs, M. le rapporteur avait dit :

« La chasse à l'affût ayant lieu à des heures en quelque sorte intermédiaires entre le jour et la nuit, l'interdiction qui résulte du premier paragraphe de l'article 9 ne paraît pas devoir lui être applicable. C'est, du reste, à l'appréciation des tribunaux que la commission a entendu s'en remettre pour la décision des cas sur lesquels il pourrait s'élever quelques doutes [1]. »

Voici encore une condamnation remise à l'arbitraire des tribunaux; le législateur n'a pas voulu se donner la peine de s'expliquer, et le chasseur à l'affût n'a aucun moyen de savoir jusqu'à quelle heure il

[1] Procès-verbal, séance du 23 mai 1843.

peut attendre le gibier, ni quelles circonstances le mettront en contravention à la loi; remarquez que le juge n'a pas plus de règle que l'accusé pour reconnaître si celui-ci est innocent ou coupable, et qu'il lui sera impossible de rattacher sa décision à aucune considération légale.

A tir. — La chasse à tir est celle qui a lieu au fusil ou à l'arbalète.

Le permis de chasse emporte par conséquent le permis de port d'armes, et la distinction établie par le décret de 1812 n'existe plus; quiconque a la permission de chasser peut employer à cet effet tous les moyens non défendus.

Cette disposition ne déroge aucunement à celles qui interdisent le port, l'usage, l'achat, la vente ou la possession de certaines espèces d'armes, telles par exemple, que les pistolets ou fusils à vent, les armes cachées, cannes et bâtons creusés, armes de guerre, etc.

Aucune loi ne détermine aujourd'hui la nature des projectiles qui pourront être employés à la chasse; ainsi la balle, les chevrotines, les plombs de diverses grosseurs et même la grenaille de fer ne sont pas défendus ; un arrêt du conseil du 4 septembre 1731 avait interdit l'usage de cette dernière matière ; mais cet arrêt a été implicitement compris dans l'abrogation des lois sur la chasse, que contiennent celles des 4 août 1789 et 28 avril 1790.

A courre. — La chasse à courre est celle qui consiste à poursuivre le gibier à l'aide de chiens courants ; les chasseurs qui se livrent à cet exercice ne sont pas toujours armés, et il est fort difficile de distinguer celui qui chasse de celui qui assiste à la chasse en qualité de spectateur. Cette distinction évidemment devait être laissée à l'appréciation du juge, qui seul peut, d'après les circonstances, reconnaître la part plus ou moins active qui doit être attribuée à celui que le ministère public accuse d'avoir chassé.

Tous autres moyens. — L'instruction du Ministre de la justice porte ce qui suit :

L'art. 9 prohibe d'une manière formelle tous les genres de chasses, à l'exception de la chasse de jour à tir et à courre, et de la chasse au lapin à l'aide de furets et de bourses. Sans faire une nomenclature qui aurait été impossible, il embrasse dans sa prohibition générale l'emploi des panneaux et des filets, avec lesquels on détruisait des volées entières de perdreaux, l'usage meurtrier des lacets, des collets, et, en un mot, de tous les instruments de destruction permis par l'ancienne législation, qui ne profitaient qu'aux braconniers.

Cette disposition comprend tous les moyens de prendre des oiseaux ou du gibier; ainsi sont désormais inutiles tous les ouvrages d'aviceptologie; les mille inventions ingénieuses des chasseurs, telles que le taise, la pipée, les cages, trappes, bascules, célébrés par le poëte,

Hinc laqueis captare feras et fallere visco
Inventum.

sont tombés dans la classe des délits.

M. Delespaul avait proposé d'ajouter aux moyens permis, la noble chasse à l'oiseau; mais la Chambre était peu disposée à favoriser les plaisirs nobles, et l'amendement n'a pas été appuyé; par conséquent ce mode reste compris dans l'interdiction qui forme la règle générale, les moyens permis n'étant en quelque sorte que l'exception.

Prendront des arrêtés.—L'instruction du Ministre de l'intérieur contient ce qui suit :

L'article 9 de la loi n'a pas soumis à mon approbation les arrêtés que vous avez à prendre dans les différents cas qu'il prévoit ; ces arrêtés sont donc exécutoires de plein droit, et sans autre approbation. Toutefois, vous savez que tous les actes de l'administration préfectorale ne s'exercent que sous l'autorité et le contrôle des Ministres responsables ; ce principe est toujours réservé, sans qu'il soit nécessaire de l'exprimer dans chaque loi spéciale. Vous devrez donc, monsieur le préfet, m'adreser exactement une ampliation de tous les arrêtés que vous prendrez dans les différents cas prévus par l'article dont il s'agit, afin que je puisse examiner si ces actes sont conformes à l'ensemble de la législation, et vous adresser, au besoin, telles observations qu'il appartiendrait.

Avis des conseils généraux. — Les préfets ne seront pas tenus d'obtempérer à cet avis, et c'est uniquement à titre de renseignement qu'il est requis.

L'époque. — Ainsi la chasse aux oiseaux de passage pourra être permise lorsque la chasse ordinaire aura cessé de l'être.

Oiseaux de passage. — La nécessité d'un permis de chasse existe à l'égard des oiseaux de cette espèce, c'est ce que constate l'instruction du Ministre de l'intérieur, en ces termes :

Il ne vous échappera pas, d'ailleurs, que, même pour la capture des oiseaux de passage, de quelque espèce que ce soit, et du gibier d'eau, un permis de chasse est nécessaire, quel que soit le procédé qu'on emploie. C'est bien là une chasse, en effet, et la prescription générale et absolue de l'art. 1er de la loi, c'est que nul ne chasse s'il ne lui a été délivré un permis de chasse. C'est ce que vous expliquerez dans vos instructions; et pour qu'elles ne soient pas perdues de vue sur ce point, vous ferez bien de rappeler l'obligation de l'obtention d'un permis dans les arrêtés mêmes que vous prendrez pour autoriser la chasse des oiseaux de passage et du gibier d'eau.

La caille. — Les préfets ne peuvent autoriser aucun mode particulier de chasse de cailles, ainsi le seul moyen licite est le fusil. *Voy.* l'article 4. Cette disposition résulte d'un amendement portant que la caille ne sera pas considérée comme oiseau de passage.

Procédés. — Suivant l'instruction du Ministre de la justice :

Les préfets pourront autoriser la chasse des oiseaux de passage avec les instruments, les procédés usités dans le pays, même avec ceux dont l'usage est prohibé pour la chasse du gibier ordinaire.

Mais pourront-ils interdire la chasse au fusil ? nous ne le pensons pas ; la faculté donnée au préfet est exceptionnelle au paragraphe qui commence par ces mots, « tous autres moyens, » mais non au premier, qui attache au permis le droit illimité de chasser à tir.

Gibier d'eau. — Le temps de la chasse au gibier d'eau pourra n'être pas le même que celui de la chasse aux autres oiseaux de passage ; de là la nécessité de désigner nominativement les oiseaux compris dans la catégorie de gibier d'eau, car la plupart de ceux-ci sont oiseaux de passage.

La loi n'a pas répété la disposition relative aux procédés ; néanmoins, l'intention du législateur a été manifestement la même qu'à l'égard des autres oiseaux de passage.

Fleuves et rivières. — Aucune loi n'attribue à l'État le droit exclusif de chasse sur les fleuves et rivières navigables ; ainsi c'est un droit qui appartient à tout le monde et qu'on peut exercer sans consentement particulier.

Mais les rivières non navigables sont la propriété des riverains, et sous le rapport de la chasse elles sont soumises à la même nécessité du consentement des propriétaires.

Malfaisants et nuisibles. — Les animaux de cette espèce sont principalement les oiseaux, tels que les oiseaux de proie, les pies-grièches, les geais, les corbeaux, les pies ; ces animaux non-seulement dévorent les semencees et les fruits des jardins, mais encore ils détruisent les nichées de petits oiseaux dont l'existence doit être protégée à cause de la guerre qu'ils font à une foule d'insectes. Il est à remarquer que les localités où les petits oiseaux ont disparu, sont occupées par une quantité considérable de pies qui vivent en compagnies à la manière des corbeaux.

Les lapins, chevreuils, sangliers sont aussi compris dans la classe des animaux nuisibles dont les préfets doivent ordonner la destruction ; il en est de même des pigeons, ainsi que l'a reconnu M. le Garde des sceaux.

Pourra. — L'instruction du Ministre de l'intérieur ajoute ce qui suit :

Vous aurez, enfin, après avoir pris l'avis du conseil général, à déterminer « les espèces d'animaux malfaisants ou nuisibles que le propriétaire, possesseur ou fermier, pourra en tout temps détruire sur ses terres, et les conditions de l'exercice de ce droit. » Vous remarquerez que ce n'est plus ici un fait de chasse que vous aurez à autoriser ; il s'agit d'un acte de légitime défense, qui a pour objet unique de préserver les récoltes des dégâts qu'y occasionneraient certaines espèces d'animaux. Il n'est donc pas nécessaire, pour l'exercice de ce droit, que les propriétaires soient munis d'un permis de chasse, mais ils commettraient une contravention, et il y aurait lieu de verbaliser contre eux si, à l'occasion de la défense de leurs récoltes, ils se livraient à l'exercice de la chasse.

Sans préjudice du droit appartenant. — Cet alinéa contient une distinction qu'il ne faut pas perdre de vue.

Il s'occupe de deux espèces d'animaux, savoir : 1° les animaux malfaisants et nuisibles ; 2° les bêtes fauves.

A l'égard des premiers, le préfet doit

prendre des arrêtés pour en déterminer les espèces, et faire connaître les conditions de l'exercice du droit de les détruire; ainsi il n'y aura d'animal réputé malfaisant ou nuisible que celui qui aura été affecté de ce caractère par arrêté du préfet; ni son naturel, ni ses habitudes ne seront à prendre en considération; quelque dangereux ou quelqu'innocent qu'il soit en réalité, le droit des propriétaires à le détruire résultera de la nomenclature de l'arrêté et les tribunaux ne devront consulter que cette nomenclature. Quant aux conditions de l'exercice, elles consisteront dans le mode, l'instrument, le lieu de la destruction; le temps n'entrera pas dans ces conditions que le préfet doit fixer; la loi dit: *en tout temps*, ainsi sous ce rapport l'exercice du droit ne saurait être restreint ou modifié.

A l'égard des bêtes fauves, le préfet n'a rien à prescrire, rien à déterminer; le droit de les repousser ou détruire *appartient* au propriétaire dans les conditions mêmes de la loi, et les arrêtés ne peuvent y porter *préjudice*. Le caractère légal des bêtes fauves sera celui que leur donnent la nature et l'usage ; le préfet ne peut en modifier la nomenclature. L'exercice du droit ne peut être soumis à des conditions de temps, de lieu, de mode. Devant les tribunaux, la loi seule devra être consultée.

Le rapporteur de la commission de la Chambre des pairs exprimait ainsi cette observation :

« En imposant aux préfets le devoir de prendre des arrêtés pour déterminer les espèces d'animaux malfaisants ou nuisibles que le propriétaire, possesseur ou fermier, pourra en tout temps détruire sur ses terres, et pour régler l'exercice de cette faculté, vous n'aviez point entendu priver le propriétaire ou fermier du droit incontestable de repousser ou de détruire les bêtes fauves qui porteraient dommage à ses propriétés. La Chambre des députés a voulu que ce droit fût écrit dans la loi. Nous ne pouvons qu'adopter cette disposition. »

Le droit consacré au profit des propriétaires ou des fermiers par cet alinéa, existait déjà dans la loi de 1790 (art. 15), en ces termes :

Il est libre, en tout temps, aux propriétaires ou possesseurs et même aux fermiers, de détruire le gibier dans leurs récoltes non closes, en se servant de filets ou autres engins, qui ne puissent pas nuire aux fruits de la terre, comme aussi de repousser avec des armes à feu, les bêtes fauves qui se répandraient dans lesdites récoltes.

C'est, comme on le voit, la même distinction que reproduit la loi nouvelle ; ce que la loi de 1790 appelait gibier, notre article le désigne sous le nom d'animaux malfaisants et nuisibles, termes moins généraux et plus conformes à l'intention du législateur. Les préfets pourront comprendre dans leurs arrêtés les animaux qui sont de véritable gibier, par exemple, *les lièvres, les lapins*, qui se multiplieraient d'une manière désastreuse s'ils n'étaient pas fréquemment détruits.

Les dispositions relatives soit aux animaux malfaisants et nuisibles, soit aux bêtes fauves, ont cela de commun qu'elles s'occupent d'un objet étranger à la chasse ; ce n'est pas, en effet, chasser, dans le sens légal du mot, que de *détruire* ou de *repousser* des animaux ; c'est l'intention qui constitue la différence ; celui qui chasse, agit pour s'approprier ; ce n'est pas le but que la loi suppose au propriétaire dans notre article. Les expressions dont elle se sert sont très-claires à cet égard ; elle ne permet pas de *poursuivre*, ce qui est le fait du chasseur, mais seulement de détruire et de repousser.

Il faut néanmoins reconnaître qu'une juste appréciation des faits offrira, dans la pratique, de grandes difficultés et une large voie à l'arbitraire. Les préfets, en autorisant de détruire les lapins qui dévorent les trèfles et les choux, ne prescriront pas nécessairement de les attendre à l'affût, et ne défendront pas de les manger quand on les aura tués. En définitive la permission de détruire un animal ressemble beaucoup à celle de le chasser.

Cependant la différence existe : quoique difficile à reconnaître parfois, elle est aussi déterminée par certains caractères ; par exemple, la chasse à courre le loup ou le sanglier, quoiqu'elle ait pour objet la destruction dans l'intérêt du propriétaire, n'en est pas moins une chasse et sort des termes de l'art. 9, § 3. Mais la chasse au piége ne diffère que par l'intention invisible et insaisissable de celui qui le tend ; il est évident que celui qui veut prendre un renard, pour défendre ses poules, doit employer absolument les mêmes procédés, les mêmes appâts et le même instrument que s'il voulait s'en emparer seulement pour son plaisir ou pour en avoir la peau.

Pour bien se pénétrer de l'esprit de la loi, il faut se rappeler qu'elle a un double objet, la conservation du gibier comme moyen d'aliments, et la police des chasseurs. Tout ce qui sort de ces objets excède également sa portée. Ainsi les actions dont le résultat est la destruction d'animaux qui ne peuvent servir à la nourriture de l'homme, ou celles qui ne comportent aucune conséquence dangereuse pour la tranquillité publique, ne sont pas des faits de chasse dans le sens de la loi ; les prescriptions générales leur demeurent étrangères ; il n'est pas besoin d'un permis pour les accomplir ; l'autorité ne peut limiter le temps de leur exercice ; la circonstance, la présence de l'animal nuisible, les dommages qu'il peut causer, déterminent seuls l'opportunité de sa destruction. Si la loi les soumet néanmoins à certains règlements, à l'égard de certaines espèces, c'est à cause de la facilité des abus, et de la presque certitude que la destruction licite serait constamment le prétexte de la chasse prohibée.

Propriétaire ou fermier. — Le propriétaire peut détruire les bêtes fauves qui portent dommage aux propriétés de son fermier; c'est ce qui résulte de l'alternative écrite dans la loi; nous ne pensons même pas qu'il y ait obligation pour celui dont les propriétés sont menacées d'agir personnellement, il peut employer à cet effet son garde, son domestique ou même un tiers plus habile et plus capable que lui. Tant que le fait de destruction ne se convertira pas en fait de chasse, il ne cessera pas d'être l'exercice du droit consacré.

Même avec des armes à feu. — L'emploi du mot *même* indique évidemment que l'usage d'autres moyens que des armes à feu est permis; ainsi les piéges à loups et à renards, qui ne peuvent servir qu'à la destruction de ces animaux, ne tombent pas dans les dispositions relatives aux engins prohibés. Il en serait autrement des instruments tels que collets ou piéges qui pourraient prendre des lapins et des putois, martres ou fouines ; le détenteur ne pourrait pas être excusé en affirmant que leur destination n'a pour objet que les bêtes de cette dernière espèce. *Voy*. l'art. 12, 3°.

Bêtes fauves. — On entend sous ce nom les loups, renards, fouines, martres, putois, etc. ; mais on n'y comprend pas les lièvres, lapins, cerfs, chevreuils, qui cependant sont seuls nuisibles aux récoltes. Il résulte même du texte qu'un fermier n'aura pas le droit de tirer sur un oiseau de proie qui vient de temps en temps enlever ses poussins, à moins qu'il ne le tue dans son enclos ou sa basse-cour. Tous ces animaux ne sont que malfaisants ou nuisibles, et il appartient aux préfets d'en autoriser la destruction.

Porteraient dommage. — Le rapporteur à la Chambre des pairs a paru supposer que le dommage devrait avoir été commis : « Ce sera donc, a-t-il dit, au pro-« priétaire ou au fermier, s'il se place en « dehors des conditions de l'arrêté, à prou-« ver le fait de dommage, puisque ce fait « seul l'autorise à enfreindre ces condi-« tions? » Nous ne pouvons pas croire que pour repousser ou détruire le renard qui rôde autour de sa basse-cour, ou le loup qui guette ses brebis ou ses poulains, le fermier doive attendre que ses poules et ses bestiaux soient mangés. Quand il s'agit de réprimer les méfaits humains, nous concevons que le législateur répugne aux mesures préventives, mais quand le dommage sera l'œuvre d'une bête fauve, nous ne pensons pas que le délit doive être préalable au châtiment. La seule présence de l'animal dans le voisinage de la ferme ou du troupeau est une attaque qu'on doit repousser; sans doute pour aller chercher la bête fauve au loin, il faudra jusqu'à un certain point démontrer qu'elle est l'auteur d'un dommage commis qu'elle peut renouveler; mais tout renard pris ou tué près du poulailler est un criminel surpris en flagrant délit.

La loi de 1790 ne restreignait pas la faculté de repousser les bêtes fauves au cas où elles auraient occasionné un dommage; il suffisait qu'elles fussent trouvées *répandues* dans les récoltes ; la loi nouvelle n'a pas entendu modifier ce droit ; aussi le texte ne dit pas, comme on le suppose, que le mal devra avoir été commis ; il permet de tuer les bêtes fauves qui *porteraient* dommage, terme qui peut exprimer une possibilité prochaine, tout aussi bien qu'un fait accompli.

Propriétés. — La destruction des animaux malfaisants et nuisibles doit être autorisée par les préfets dans le double but de préserver les récoltes et le gibier; mais celle que la loi permet de droit au propriétaire ou au fermier, n'a pour objet que la défense des propriétés, c'est-à-dire de ce qui peut être l'objet d'un appropriement. Or le gibier n'a pas cette nature, ainsi que nous l'avons fait observer dans l'art. 1. (*Voy.* aussi l'art. 26). Le propriétaire ne pourrait donc détruire même les bêtes fauves qui ne seraient pas de nature à porter dommage qu'au gibier ; par exemple, les oiseaux de proie dans les champs, les renards ou putois dans les taillis éloignés des habitations. Ce n'est qu'en vertu des arrêtés que ces animaux pourront être tués.

Ils pourront également. — L'instruction du Ministre des finances fait observer à cet égard ce qui suit :

Vous remarquerez, monsieur le préfet, que, par les arrêtés que vous aurez à prendre en vertu des trois derniers paragraphes de l'art. 9 de la loi, il n'est plus exprimé, comme pour les trois premiers paragraphes, que vous devez prendre l'avis du conseil général. Je vous engage cependant à recourir également à cet avis; car il s'agit ici de mesures du même ordre, et sur lesquelles les lumières et les connaissances locales des membres du conseil général ne peuvent que vous être utiles. C'est d'ailleurs *sur l'avis* du conseil que vous aurez à agir, c'est-à-dire que vous n'êtes pas tenu de statuer *conformément* à cet avis, dont vous avez le droit de vous écarter lorsque l'intérêt public vous paraîtra le commander.

Il nous semble que la disposition qui

exige l'avis préalable des conseils généraux est commune à tous les arrêtés et que la division de l'article n'est relative qu'aux matières et non aux conditions des décisions du préfet.

Prévenir. — Les préfets peuvent aussi prendre des arrêtés pour opérer la destruction des oiseaux, lorsque leur nombre devient nuisible ; dans ce cas ils doivent les ranger dans la classe des animaux malfaisants.

Destruction des oiseaux. — Le § 1er permet la destruction de toute espèce de gibier sans distinction ; nous avons expliqué à l'art. 1er ce qu'on doit entendre sous ce nom : il résulte de la disposition actuellement examinée que les préfets pourront restreindre la destruction à certaines espèces d'oiseaux et interdire la chasse à l'égard des autres. L'instruction du Ministre de la justice contient en outre l'observation suivante :

La loi, en prohibant l'usage des filets, a déjà fait beaucoup pour empêcher la destruction des oiseaux. Mais cette interdiction peut n'être pas toujours suffisante. Les préfets sont autorisés à employer d'autres moyens. Ainsi, par exemple, ils pourront, s'ils le jugent nécessaire, étendre aux œufs et couvées d'oiseaux la défense que le dernier paragraphe de l'art. 9 n'a prononcée qu'à l'égard des œufs et couvées de faisans, de perdrix et de cailles.

Un règlement de la Table de marbre de Paris, du 13 avril 1600, portait défense à toutes personnes, même munies de la permission du propriétaire, de chasser et prendre à la glu, pipée, feuilles, avec harnais, filets et engins ou autrement, les menus oiseaux de chant et de plaisir, soit linottes, chardonnerets, pinçons, serins, tarins, fauvettes, rossignols, cailles, alouettes, merles, sansonnets et autres semblables, depuis la mi-mars jusqu'à la mi-août; mais il exceptait de la prohibition « les jeunes « oiseaux de l'année, en âge compétent « pour nourrir, lesquels pourront être pris « et dénichés, dans les héritages des parti- « culiers propriétaires, par leur congé et « permission. »

Ce règlement pourra servir de guide aux préfets pour les arrêtés qu'ils auront à prendre à cet égard. Ainsi ils pourront défendre la chasse aux petits oiseaux sans interdire le métier d'oiseleur qui consiste à prendre les petits *en âge compétent pour nourrir*. Nous ne pensons pas qu'il ait été dans l'esprit du législateur de pousser la rigueur de sa prescription jusqu'à rendre à l'avenir impossibles les satisfactions de l'amateur d'oiseaux; pour la loi nouvelle, pas plus que pour les dispositions sévères de la Table de marbre, les oiseaux de *chant et de plaisir* ne sont un vrai gibier; lors même que les lois sur la chasse étaient rigoureuses et jalouses à l'excès, la mise en vente ou le colportage des oiseaux de cette espèce et dans ce but n'a jamais été un délit[1] : les préfets pourront donc distinguer celui qui déniche des oiseaux pour les

[1] Depuis la mise à exécution de la loi actuelle sur la chasse, la vente des oiseaux *de chant et de plaisir* s'est continuée dans les villes, et notamment à Paris, comme par le passé; cependant des cailles vivantes ont été saisies, probablement parce qu'on les a considérées comme gibier et non comme oiseaux de volière.

élever, de celui qui n'a d'autre objet que de tuer et de détruire, pour satisfaire un instinct de cruauté irréfléchie trop commun chez les enfants dont l'âge, a dit le poëte, est sans pitié !

Lévriers. — L'interdiction des chiens lévriers est le droit commun ; ces animaux ne sont pas compris dans la chasse à courre; les préfets ne peuvent en autoriser l'emploi que pour la destruction des animaux malfaisants; ainsi, à l'égard du lièvre, ce n'est qu'en qualité d'animal nuisible qu'il pourra être chassé au lévrier.

On avait demandé que les chiens de berger fussent muselés; cette mesure était prescrite par les seigneurs sur les territoires réservés par eux pour la chasse, ainsi qu'on peut le voir dans la coutume particulière du Hesdin; mais la proposition en a été rejetée par acclamation.

ARTICLE 10.

Des ordonnances royales détermineront la gratification qui sera accordée aux gardes et gendarmes rédacteurs des procès-verbaux ayant pour objet de constater les délits.

L'instruction du Ministre de l'intérieur contient sur cet article les observations suivantes :

L'art. 10 assure aux gardes et gendarmes, rédacteurs de procès-verbaux ayant pour objet de constater les délits de chasse, une gratification qui sera prélevée sur le produit des amendes. Le taux de cette gratification sera fixé par ordonnance royale, et des instructions seront données par M. le ministre des finances pour en assurer le payement.

Je saisis cette occasion pour vous engager à prémunir de nouveau MM. les maires sur les inconvénients, les dangers mêmes de certaines transactions qu'ils autorisent quelquefois entre les gardes rédacteurs de procès-verbaux et les particuliers atteints par ces procès-verbaux. Des maires croient pouvoir arrêter les poursuites en exigeant des délinquants, soit une gratification en faveur du garde, soit même le versement d'une somme quelconque en faveur des pauvres de la commune. Sans méconnaître les intentions de ces fonctionnaires, on ne peut se dissimuler qu'ils excèdent leurs pouvoirs, qu'ils contreviennent soit à nos lois pénales, soit à nos lois financières, et qu'ils s'exposeraient à être poursuivis, comme concussionnaires, en vertu de la disposition finale des lois annuelles de finances. Vous devrez donc rappeler à MM. les maires, avec force, le danger auquel ils s'exposent.

Quant aux gardes, faites-leur savoir que vous n'hésiterez pas à prononcer la révocation de tous ceux qui auraient consenti à se prêter à de semblables transactions, sans préjudice des poursuites en prévarication qui pourraient être exercées contre eux.

Gardes et gendarmes. — Les gardes et les gendarmes sont seuls appelés à la gratification accordée par cet article; les autres fonctionnaires ayant droit de dresser des procès-verbaux aux termes des art. 22 et 23 ci-après en sont exclus; la Chambre des pairs s'est formellement prononcée sur ce point.

Un député avait proposé un article ainsi conçu, à la suite de l'art. 10 :

« Les communes rurales pourront, au moyen d'une délibération du conseil municipal homologuée par le préfet, affermer le droit de chasse sur les biens communaux et sur le terrain des propriétaires qui déclareront renoncer à exercer ce droit par eux-mêmes. Dans ce cas, le prix de fermage sera appliqué au paiement du garde champêtre, et, s'il y a lieu, au rachat des prestations en nature et autres charges communales. Le dégrèvement aura lieu de manière à ce qu'il allége d'autant la part de cotisation attribuée sur les rôles de la commune à ceux des propriétaires qui auront renoncé à exercer le droit de chasse. »

Cette proposition a été retirée, parce que M. le Garde des sceaux a déclaré que le droit d'abandon et celui de fermage existaient sans qu'il fût besoin d'une disposition spéciale.

SECTION II.

Des Peines.

ARTICLE 11.

Seront punis d'une amende de 16 à 100 francs:

1° Ceux qui auront chassé sans permis de chasse;

2° Ceux qui auront chassé sur le terrain d'autrui sans le consentement du propriétaire.

L'amende pourra être portée au double, si le délit a été commis sur des terres non encore dépouillées de leurs fruits, ou s'il a été commis sur un terrain entouré d'une clôture continue, faisant obstacle à toute communication avec les héritages voisins, mais non attenante à une habitation;

Pourra ne pas être considéré comme délit de chasse le fait du passage des chiens courants sur l'héritage d'autrui, lorsque ces chiens seront à la suite d'un gibier lancé sur la propriété de leurs maîtres, sauf l'action civile, s'il y a lieu, en cas de dommage.

3° Ceux qui auront contrevenu aux arrêtés des préfets concernant les oiseaux de passage, le gibier d'eau, la chasse en temps de neige, l'emploi des chiens lévriers, et aux arrêtés concernant la destruction des oiseaux et celle des animaux nuisibles ou malfaisants;

4° Ceux qui auront pris ou détruit sur le terrain d'autrui des œufs ou couvées de faisans, de perdrix ou de cailles;

5° Les fermiers de la chasse, soit dans les bois soumis au régime forestier, soit sur les propriétés dont la chasse est louée au profit des communes ou établissements publics, qui auront contrevenu aux clauses et conditions de leurs cahiers de charges relatives à la chasse.

Chasse. — Nous avons expliqué dans l'art. 1er que la chasse est l'emploi de moyens propres à s'emparer des animaux sauvages et nous avons fait connaître quels animaux pouvaient être l'objet de la chasse; nous devons examiner ici le fait constitutif de l'action prohibée sous l'expression de chasse.

L'action de chasser ne consiste pas à s'emparer réellement des animaux, car souvent on se livre à cet exercice sans en obtenir d'autre résultat que la promenade ou la fatigue; dès que l'on emploie des moyens propres à atteindre le but de la chasse, c'est-à-dire l'occupation des animaux sauvages, il est vrai de dire que l'on chasse.

Le port d'un fusil ne suffit pas pour constituer le fait de chasse, mais ce fait se présume de l'usage du fusil ou de l'intention constatée de s'en servir; en conséquence, on a considéré comme fait de chasse:

1° Un seul coup de fusil tiré sur un oiseau de proie. (Cassation, 13 novembre 1818.)

2° Des coups de fusil tirés de l'intérieur d'une cabane élevée pour épier ou atteindre le gibier. (7 mars et 20 juin 1823.)

3° Le fait d'avoir été trouvé sur un terrain propre à la chasse, armé et dans l'attitude d'un chasseur. (Cassation, 13 novembre 1818.)

4° Le port d'un fusil *armé*, dans le chemin de barrage d'une forêt. (Cassation, 22 janvier 1829.)

5° Le fait d'avoir regardé ses chiens

chasser dans un champ, quoique le chasseur, porteur d'un fusil, les surveillât d'un chemin voisin. (Cour de Rouen, 17 juin 1831.)

6° Le fait de s'être promené avec un fusil en dehors d'un terrain sur lequel on n'avait pas le droit de chasser, mais en y envoyant des chiens pour en faire sortir le gibier. (Cassation, 26 septembre 1840.)

Deux arrêts de la Cour de cassation des 5 août et 5 décembre 1839 ont jugé que la preuve du fait de chasse ne résultait pas suffisamment de ce qu'un garde champêtre avait été aperçu tenant un fusil abattu dans la main gauche, le long d'une propriété, cette attitude pouvant convenir à une position de repos.

La jurisprudence et les observations qui précèdent concernent la chasse au fusil.

Quant à la chasse à courre, nous avons dit dans l'art. 9 ce qui la constituait et à quels signes les tribunaux devraient reconnaître le chasseur et le distinguer du simple assistant ou spectateur.

Mais il reste à parler des autres modes

de chasse ; quoique généralement interdits, puisque l'art. 9 n'autorise que la chasse à tir et à courre, ils peuvent néanmoins être autorisés à l'égard du gibier d'eau ou de passage, aux termes des n°s 1 et 2 de cet article. Ainsi, lorsque leur emploi constitue le fait de chasse, ils doivent motiver l'application des peines portées par l'article 11, si le chasseur n'est pas muni d'un permis ou s'il agit sur le terrain d'autrui, sans son consentement.

Leur simple détention n'est pas un fait de chasse ; ainsi celui-là même qui sort de chez lui avec l'intention d'aller chasser, quoique porteur des instruments dont il doit se servir, ne se rend pas passible des peines prononcées par l'art. 11, 1° : il ne chasse pas, quoiqu'il ait formé le projet de chasser. Tant qu'il n'est pas rendu sur le lieu où il doit exécuter son projet, il peut changer d'avis et ne pas commettre un délit qui n'a pas même encore un commencement d'exécution. Il ne suffirait donc pas pour établir le délit de chasse sans permis, de prouver que l'accusé est sorti de chez lui avec des engins autorisés, et qu'il a été trouvé se rendant au marais ou au lieu où ces engins doivent être employés. C'est l'emploi qui doit être constaté. La dérogation au droit commun, que contient la loi à l'égard des instruments prohibés, ne s'étend pas aux engins permis, et leur port ou détention ne suppose pas le délit de chasse.

Il en serait autrement si le porteur des engins était surpris préparant l'emplacement qui doit les recevoir, tendant ses filets, trappes ou collets, ou même les relevant sans avoir rien pris : le fait de chasse est commencé ou se termine; il s'exécute ou est accompli. (Cassation, 8 mai 1824).

Un jugement du tribunal de Béthune a justement décidé, le 19 octobre 1840, qu'il y avait fait de chasse dans l'action de porter un filet pour le tendre aussitôt que le moment en sera venu. Par exemple, celui qui chasse à la tirasse et attend, pour développer son filet, que le chien, par son arrêt, ait indiqué la présence des alouettes, contrevient évidemment à la loi; mais, pour que cette décision soit régulière, il faut que le porteur du filet soit entré dans le champ : s'il était rencontré dans le chemin qui y conduit, l'intention de chasser, quelque certaine qu'elle fût, n'autoriserait pas l'application de la peine.

Le porteur de furets ou de bourses à lapins est punissable s'il est surpris dans la garenne ou dans le champ qui la contient; il ne l'est pas, s'il est trouvé sur la route, quoique l'intention de chasser soit difficile à nier. (*V.* nos observations sur l'art. 20.)

Permis. — Le permis doit être délivré, ainsi que nous l'avons dit dans l'art. 1er; mais le chasseur doit-il en être nécessairement porteur au moment où il est requis d'en justifier? Un arrêt de la Cour de cassation du 19 juin 1813 a jugé la négative et décidé qu'il suffisait qu'au moment du fait de chasse le permis ait été délivré régulièrement; depuis cet arrêt aucun autre n'a statué précisément sur cette question, quoique plusieurs fois la Cour de cassation ait constaté la nécessité de sa délivrance. Parmi les motifs de ces arrêts, on ne trouve aucune considération qui suppose que le chasseur doive être porteur du permis à l'instant de la chasse.

Dans la discussion de la loi nouvelle, on n'a point non plus supposé la nécessité, pour le chasseur, d'être constamment porteur de son permis; peut-être cette mesure eût-elle été sage et prévoyante, pour le cas surtout où l'individu, requis d'en justifier, sera étranger au pays et domicilié ou résidant à de grandes distances. Mais elle n'a point été prise, et, du silence de la loi, il résulte qu'il suffit d'être muni d'un permis de chasser pour pouvoir le faire, avec droit, partout le royaume.

Cette autorisation n'est pas la seule dont le chasseur ait à justifier. Ainsi il doit établir qu'il est propriétaire du terrain qu'il parcourt, ou qu'il a le consentement du propriétaire; devra-t-il être porteur de ses titres de propriété, de la concession du droit de chasse dont il doit exciper? assurément non; nous allons voir dans la note suivante qu'il n'est pas même besoin d'un consentement exprès. Ainsi toutes les justifications qui sont exigées de lui ne le sont qu'après le fait de chasse constaté; c'est la règle générale : rien n'autorise à ranger l'obligation du permis dans une catégorie exceptionnelle qui n'est écrite dans aucun texte de loi.

Mais les frais des procès-verbaux et autres actes de poursuites pourront-ils être mis à sa charge? Un arrêt de la Cour de Bordeaux, du 17 janvier 1839, a décidé la négative, par le motif général qu'en matière correctionnelle le prévenu renvoyé de l'action ne peut pas être condamné aux dépens. Nous pensons que cette décision doit être suivie; dès l'instant que le chasseur n'est pas obligé d'être porteur de son permis, le fait de ne pas l'avoir représenté sur la réquisition qui lui en a été faite ne peut, sous aucun rapport, lui être reproché, ni entraîner pour lui un préjudice quelconque. En matière pénale, les lois doivent être complètes, et tout ce qui n'est pas formellement exigé par un texte ne peut l'être par les tribunaux.

Aux termes de l'art. 8 de la présente

loi, le permis de chasse ne peut être délivré ou accordé à des individus frappés de certaines condamnations : il peut arriver que l'existence de ces condamnations soit ignorée du préfet qui délivre néanmoins le permis, ou qu'elles interviennent après la délivrance; le fait de chasser, dans cette circonstance, donne-t-il lieu à l'application de la peine prononcée par l'art. 11? Nous ne le pensons pas : en matière pénale les textes de la loi doivent être appliqués rigoureusement; or, la peine n'est prononcée que contre ceux qui auront chassé *sans permis*; incontestablement, les individus dont il s'agit ne chassent pas *sans permis*, puisqu'il leur en a été délivré un qu'ils représentent. Aucune disposition ne prononce la nullité du permis accordé à l'incapable; cette nullité est relative et doit être reconnue; le préfet peut le retirer; mais, jusque-là, le chasseur peut en user.

Nous supposons, dans ce qui précède, que l'obtention du permis n'a pas été le résultat de manœuvres frauduleuse; s'il en était autrement, le vice originaire de l'acte agirait sur ses effets et le délit de chasse ne pourrait être écarté par le fait d'un autre délit.

Ce que nous venons de dire des individus compris dans l'art. 8 s'applique également aux personnes indiquées dans l'art. 7.

Cependant nous exceptons les gardes-champêtres et forestiers ; l'incapacité de chasser est une condition de leurs fonctions : nul n'est obligé légalement d'aller au-devant des prohibitions qui ne lui sont pas faites directement ; mais il n'en est pas ainsi de ceux qui, recevant de la loi certains pouvoirs, sont corrélativement atteints de certaines incapacités ; ils sont à la fois saisis des uns et des autres, et de même que leur nomination suffit pour les rendre capables de tous les actes de leur ministère, sans qu'il soit besoin d'une autorisation spéciale pour chacun de ces actes, de même elles font tomber dans leurs mains le permis incompatible avec leur nouvelle qualité.

Consentement. — Un député avait proposé d'ajouter à ce mot ceux-ci : « exprès ou tacite. » On fit observer que le consentement ne peut être qu'exprès ou tacite, et qu'en conséquence on n'ajoutait rien à la disposition ; qu'on avait reconnu que le consentement tacite suffisait ; qu'il était même présumé, puisqu'aux termes de l'art. 26, le ministère public ne peut poursuivre que sur la plainte du propriétaire qui prétend n'avoir pas consenti.

Ces considérations sont loin de résoudre les difficultés que l'amendement avait pour objet de faire disparaître. Plusieurs députés avaient été frappés de ce que dans les pays où la propriété est morcelée, il serait impossible à un chasseur de se munir préalablement de l'autorisation de tous les propriétaires ; ils avaient en conséquence proposé d'obliger tous ceux qui voulaient interdire la chasse sur leurs fonds à le déclarer avant l'ouverture : ce mode fut rejeté.

C'était pour atteindre le même but que

M. Barillon proposait le consentement tacite ; ce qui a également été rejeté.

Dans le silence de la loi, quel est le droit ?

« Le propriétaire qui ne se plaint pas est censé consentir, » disait M. Pascalis. Cela est démontré, sans doute, en ce qui est des terres dépouillées de leurs récoltes, puisque, dans ce cas, la poursuite ne peut être autorisée que sur la plainte du propriétaire (art. 26) ; mais il en est autrement si le terrain sur lequel s'est passé le fait de chasse n'était pas dépouillé de ses fruits ; le ministère public peut alors agir d'office. Dans ce cas quelle est la présomption ou le principe de la loi ?

Remarquons d'abord que le chasseur n'a rien à prouver ; ce n'est pas à lui qu'incombe la charge d'établir l'existence du consentement ; c'est au ministère public à en démontrer le défaut, car c'est ce défaut qui est la circonstance constitutive du délit.

Or, dans quel fait puise-t-on les éléments de cette preuve ? Y a-t-il défaut de consentement par cela seul que le chasseur ne l'a pas demandé? faut-il, au contraire, qu'il ait été refusé? C'était à cette difficulté que répondait ou devait répondre l'amendement de M. Barillon.

Nous pensons que le principe posé par M. Pascalis est général et que toutes les fois qu'il n'existe pas de motif fondé de supposer un refus, le consentement doit être présumé; c'est évidemment, à nos yeux, du moins, l'esprit de la loi: le chasseur ne commet pas de délit, quand il a de justes raisons de croire que le propriétaire ne se refuserait pas à le laisser chasser sur son terrain.

Ainsi, selon nous, lorsque le chasseur se sera introduit dans un terrain clos et destiné à la chasse par le propriétaire, ou dans un champ non dépouillé de ses fruits, de manière à nuire aux récoltes, le consentement ne sera pas présumé[1]; on aura

[1] *Prohibere videtur dominus si locum illum concludat, nempè sylvam, sæpe vel macerie vel ædificia jungat, si cunicularium exstruat, vel vivarium.* Ferrierus sur Guy-Pape, quæst. 218.

besoin, pour l'admettre, d'une preuve contraire ; et telle sera la déclaration du propriétaire, qu'il n'entend pas se plaindre, ou qu'il donne son assentiment au fait de chasse accompli. Mais s'il s'agit d'une simple clôture, telles que celles qui entourent les champs dans une grande partie de la France, ou d'une pièce de terre dont les fruits n'ont pas à souffrir du passage d'un chasseur, le consentement sera présumé, s'il n'est pas démenti par le propriétaire.

Il faut même aller plus loin, et dire avec le rapporteur (séance du 10 février) que celui qui aurait laissé chasser pendant quelque temps sera supposé avoir consenti tacitement :

On a dit que le consentement tacite résulterait du silence du propriétaire, dans ce sens que, lorsque ce silence aurait duré pendant quelque temps, la conséquence serait que le consentement existerait ; en conséquence, ce serait un guet-apens à l'égard du chasseur de bonne foi qui aurait chassé pendant quelque temps et qui ensuite viendrait à être soumis à un procès-verbal de la part du propriétaire. Dans le système du projet de loi, le consentement sera toujours présumé jusqu'à ce que le propriétaire exprime une intention contraire.

Nous reviendrons sur ce point, en annotant l'art. 26 où il s'agira de la preuve du consentement entre le chasseur et le propriétaire; la différence est grande entre cette hypothèse et celle que nous venons d'examiner, car dans celle de l'art. 11 c'est un délit qui doit être établi, et il ne peut y avoir délit si l'accusé a cru véritablement au consentement dont il avait besoin, quoique ce consentement ne fût pas exprimé formellement, et qu'il vienne à être ultérieurement dénié.

Ajoutez à ce qui précède ce que nous avons dit sous l'art. 1er, v° *d'autrui* et *du propriétaire*, relativement au fermier, à l'antichrésiste et à tout autre détenteur à titre précaire.

Le consentement exprès peut être limité par celui qui le donne, à certain temps, à certaine chasse, à certaine espèce de gibier, ou à certaine pièce ou nature de terres; hors des conditions exprimées il n'y a pas de consentement, et le délit existe. Voy. *infra* au mot *fermier de la chasse*.

Propriétaire. — Ou de ses ayants droit; l'art. 11 ne reproduit pas cette disposition de l'art. 1er; mais ce dernier texte a posé un principe qui doit agir sur toute la loi.

L'amende. — Les faits auxquels la loi attache l'augmentation de l'amende ne sont pas par eux-mêmes des délits distincts, mais une circonstance aggravante des délits de chasse sur le terrain d'autrui, sans son consentement. Il résulte de cette considération : 1° que le propriétaire qui chasse avec un permis, sur sa propriété non dépouillée de ses fruits, ou enclose, ne peut être poursuivi par le ministère public; 2° qu'il en est ainsi de celui qui chasse sur le terrain d'autrui, dans les circonstances précitées, mais avec le consentement du propriétaire.

Cette disposition de la loi nouvelle est une innovation à la législation de 1790, qui interdisait la chasse dans les terres non dépouillées de leurs fruits, même au propriétaire. Le rapporteur de la commission s'est très-clairement expliqué à cet égard, sur l'interpellation de M. de Brigode :

Sous l'empire, a-t-il dit, de la loi qui nous régit aujourd'hui (loi de 1790), il est interdit au propriétaire de chasser sur ses propres terres, tant qu'elles ne sont pas dépouillées de leurs fruits; s'il y chasse, il est en délit. C'est très-sciemment que nous n'avons pas voulu suivre en cela les errements de 1790. Cette réponse suffira pleinement à calmer les scrupules de M. de Brigode. Que disons-nous, à l'art. 11, contre ceux qui auront chassé sur le terrain d'autrui sans l'assentiment du propriétaire : l'amende pourra être portée au double, contre qui, messieurs? Contre ceux qui auront chassé sur le terrain d'autrui sans l'assentiment du propriétaire, si le délit a été commis sur les terres non encore dépouillées de leurs fruits. Il est clair qu'il n'y a d'amendes possibles, et surtout d'amende double, que contre celui qui chasse en délit sur le terrain d'autrui. Dans ce cas-là, il y a amende, et si le terrain est encore non dépouillé de ses fruits, l'amende est double.

Mais deux hypothèses peuvent se présenter qui ne semblent pas prévues par la loi et doivent donner lieu à quelques difficultés.

D'abord le chasseur peut être propriétaire du fonds, mais non des récoltes. Par exemple, si le terrain est affermé ou les récoltes vendues sur pied, le ministère public pourra-t-il le poursuivre d'office? Non. Les termes de la loi sont précis; le propriétaire muni d'un permis de chasse ne peut jamais être poursuivi, en vertu de la loi nouvelle; la propriété qui détermine le droit n'est pas celle des récoltes; mais, comme le dit l'art. 11, 2°, celle du *terrain.*

Le consentement utilement donné pour autoriser à chasser sur la propriété d'autrui n'est pas celui du propriétaire des récoltes; ce n'est pas, par conséquent, celui dont le défaut autorise l'application de la peine simple ou aggravée.

Mais le fermier pourra demander des dommages-intérêts au bailleur, lors même que celui-ci se serait expressément réservé le droit de chasser ou de faire chasser, parce que cette réserve ne comporte pas implicitement la faculté de nuire impunément au fermier. L'action sera civile et les tribunaux civils seront seuls compétents, car l'art. 475, §. 9 du Code pénal, n'autorise la poursuite, devant les tribunaux de police, de ceux qui ont passé sur un terrain chargé de grains en tuyaux, de raisin ou autres fruits mûrs ou voisins de la maturité, qu'autant qu'ils ne sont ni propriétaires, ni usufruitiers du *terrain*.

La seconde hypothèse est celle dans laquelle le chasseur sera le propriétaire non du terrain, mais des récoltes seulement; en supposant qu'il n'ait pas le consentement nécessaire pour chasser sur ce terrain, la circonstance qu'il a chassé dans ses propres récoltes ou dans l'enclos dont il a la jouissance, autorise-t-elle soit la poursuite d'office, relatée dans l'art. 26, soit l'aggravation de peine prononcée par notre article?

La considération des récoltes ou de la clôture n'est déterminante dans la loi qu'à raison du dommage que le chasseur y fait éprouver; or, ce dommage ne peut atteindre que le propriétaire des récoltes, et jamais le tort qu'un individu se cause à lui-même ne peut motiver une condamnation contre lui. Il serait contradictoire de supposer que la loi qui permet à un propriétaire de chasser dans ses terres encloses ou couvertes de fruits ferait de cette circonstance une cause aggravante de peine pour un autre propriétaire de récoltes ou jouissant de l'enclos. La partie intéressée ici est le fermier, et celui à qui appartiendrait le droit de se plaindre ne peut pas être le délinquant quand il ne se plaint pas, ni se plaindre de lui-même.

Pourra être. — Cette faculté a été donnée aux tribunaux afin qu'ils puissent mesurer l'aggravation de la peine, non seulement au dommage causé, mais encore au dommage possible; la gravité de la faute n'est pas nécessairement en raison du mal produit, mais en raison du mal projeté ou qu'on aurait pu faire. Ainsi la chasse dans un sarrazin devrait être plus sévèrement punie que la chasse dans un champ de maïs, quoique peut-être le dommage ait été plus grand dans celui-ci que dans le premier; mais il est rare que l'égrénage causé par un chien dans des blés noirs, surtout quand ils sont voisins de leur maturité, ne soit pas considérable.

La durée de la chasse devra aussi être prise en considération; ainsi celui qui a longtemps parcouru un champ couvert de fruits, ou qui en a parcouru un grand nombre, est évidemment plus coupable que celui qui n'a fait qu'en traverser un seul, ou y envoyer son chien pour faire lever le gibier et le poursuivre à la remise.

Fruits. — Les fruits dont il s'agit ici ne sont pas tous les produits de la terre, car il faudrait aller jusqu'à dire qu'il n'est pas permis de chasser dans un champ de genets ou d'ajoncs; ces expressions doivent s'entendre de toutes les récoltes auxquelles le passage d'un chasseur ou des chiens peut causer un dommage réel; la Cour de cassation a jugé que dans le sens de la loi de 1790, le mot *Fruit* ne comprenait pas les regains; (31 janvier 1840.) Un arrêt de la Cour de Douai, du 21 septembre 1810, et un arrêt de la Cour de Colmar, du 16 novembre 1842, ont décidé que cette même loi n'interdit pas la chasse dans un champ de pommes de terre.

Suivant des arrêts de la Cour de cassation des 16 novembre 1837 et 9 juin 1838, on doit considérer comme chargées de fruits des terres emblavées en froment, au mois de janvier.

Nous ne pensons pas qu'il soit possible d'établir de règle absolue, ni de considérer ces décisions judiciaires comme applicables à tous les champs de même nature. Des chasseurs, à courre surtout, peuvent causer de graves dommages dans un regain ou dans un champ de pommes de terre; c'est le dommage effectué qui, dans ce cas, déterminera l'application de la loi.

Mais si les fruits sont de telle espèce que le dommage soit une suite nécessaire du fait de chasse, le Ministère public ne sera pas obligé d'établir qu'il a réellement eu lieu. Ainsi l'introduction du chien ou du chasseur, dans les blés, dans les sarrasins, dans les vignes en maturité et pendant la chaleur du jour, emporte nécessairement un dommage qu'il est le plus souvent impossible de constater, et la peine devient applicable.

Au surplus, même dans cette hypothèse, les tribunaux ne sont pas obligés d'appliquer le double de l'amende; ainsi, dans tous les cas, les circonstances devront être prises en considération.

Si le propriétaire des fruits n'est pas le propriétaire du terrain, et réciproquement. *Voy.* ci-après au mot *amende*.

La chasse dans les récoltes d'autrui n'est pas le délit de dévastation prévu et puni par l'art. 444 du Code pénal en ces termes :

Quiconque aura dévasté des récoltes sur pied, ou des plants venus naturellement ou faits de main d'homme, sera puni d'un emprisonnement de deux ans au moins et de cinq ans au plus.

Le délit dont il s'agit dans le Code pénal est celui qui consiste à détruire méchamment, et dans l'intention de nuire, des plantations et des produits ruraux; ce n'est pas celui que commet le chasseur, qui, en poursuivant le gibier, cause quelque dommage aux champs que lui ou ses chiens parcourent. Cependant il peut s'y trouver joint, et le fait d'avoir méchamment détruit des récoltes ne cesse pas de tomber sous l'application du Code pénal, parce qu'il a été commis en même temps qu'un délit de chasse. Il en est de même du bris de clôture et des autres délits prévus par le Code pénal; on a vu plus d'une fois des chasseurs ajouter aux dommages du fait de chasse d'autres dommages volontaires et avec l'intention de nuire à ceux dont ils parcouraient le terrain. *Voy.* l'art. 17.

Clôture. — Non attenant. — L'enclos dont il s'agit ici n'est pas celui dont il est parlé dans l'art. 2; ce n'est pas non plus la même considération qui détermine la disposition; il est donc permis de penser que les mots employés par la loi n'ont pas exactement la même signification, quoique ces mots soient les mêmes.

Nous avons dit dans l'art. 2 que le caractère de l'enclos, auquel le législateur avait attaché l'exemption du permis de chasse, était celui du domicile, et le droit que chacun a de faire chez soi ce qui lui plaît, plus puissant et plus étendu là que partout ailleurs. L'impénétrabilité n'est donc pas la condition nécessaire de l'enclos, relativement à la faculté de chasser sans permis, c'est l'attenance et la qualité d'accessoire d'une habitation; la séparation des terres voisines n'est qu'un élément distinctif. Ainsi chacun peut chasser dans son jardin entouré d'un fossé, d'une haie vive, d'un ruisseau ou d'une rivière; en un mot, d'un obstacle continu, que l'homme ne peut franchir sans faire en quelque sorte violence à la clôture, encore que la vue puisse la pénétrer ou passer par dessus.

Mais l'enclos dans lequel la chasse est plus rigoureusement défendue par l'art. 11 n'est plus considéré comme élément du domicile; c'est un lieu particulièrement entouré pour le mettre à l'abri du passage ou de l'introduction des passants ou des étrangers. Une simple haie vive, un fossé, un ruisseau, même un mur dans les localités où cette sorte de clôture est en usage pour les champs, ne suffisent pas pour constituer l'enclos prohibé. S'il en était ainsi, la pénalité serait double dans les départements de l'ouest, de ce qu'elle est pour les départements de grande culture, tels que ceux de l'ancienne Beauce ou de la Flandre française. Cette observation a été faite à la Chambre des députés, et c'est un des motifs qui a fait laisser l'entente de la clôture légale à l'arbitraire des tribunaux.

La règle, selon nous, consiste à distinguer la clôture par son objet : si le champ est entouré pour empêcher l'introduction de l'homme, quel que soit le mode d'obstacle, haie, fossé ou mur, pourvu que son objet soit manifeste et son exécution suffisante, c'est-à-dire réelle et continue, il y a clôture légale, soit pour autoriser la chasse sans permis, si la possession est attenante à une habitation, soit pour constituer les circonstances aggravantes, si l'attenance n'existe pas. Ce caractère appartient à tous les terrains entourés, en nature de jardins potagers, parcs ou vergers; c'est pour les mettre à l'abri des atteintes de l'homme qu'on les sépare des héritages voisins, par des fossés ou clôtures.

Mais si les haies ou entourages ne sont établis que pour défendre le terrain, des bestiaux, ou pour les empêcher d'en sortir, quelque exacte que soit la clôture, quelque difficile qu'elle soit à traverser, elle ne tombe pas sous la prévision de la la loi ; il faut que l'obstacle soit intentionnellement opposé au chasseur, pour que celui-ci soit répréhensible de l'avoir surmonté. Il existe dans les départements de l'ouest des champs très-complétement entourés de haies impénétrables uniquement destinées à fournir du bois ; assurément, la chasse dans ces champs n'a rien de plus coupable ou de plus préjudiciable que dans ceux où ces haies viennent d'être abattues ou n'existent pas.

Les pénalités de la loi actuelle n'empêchent pas l'application des dispositions du Code pénal contre ceux qui ont détruit des clôtures, de quelques matériaux qu'elles soient faites. (Art. 456.). Voy. *infrà* l'art. 17.

Les chasseurs causent souvent de grands dommages en omettant de fermer les barrières des champs qu'ils parcourent; les bestiaux peuvent s'en échapper ou y pénétrer; cette circonstance n'est pas prévue par la loi pénale, mais elle peut donner lieu à une action civile. Si le champ était couvert de récoltes, le tribunal peut y voir un motif d'aggravation de peines; par exemple, si, par suite de cette négligence, des vaches enfermées dans un champ voisin sont entrées dans une pièce de choux; la responsabilité deviendrait importante, si par suite de leur introduction dans un champ de trèfle, ces animaux ou quelques-uns d'eux avaient péri. L'art. 1383 du Code civil joindrait ses prescriptions à l'art. 11 de la loi nouvelle. Cette observation confirme ce que nous avons dit sous le mot *fruits*, que la chasse dans un regain peut être, suivant les circonstances, considérée ou non comme chasse dans une terre non dépouillée de ses fruits.

Pourra ne pas être considéré.—L'ancienne jurisprudence admettait une règle analogue à celle que contient notre article; le motif de cette règle était le même que celui qui a dicté la disposition actuelle : cependant il existe entre elles des différences qu'il importe de signaler pour empêcher la confusion que la similitude pourrait produire dans l'application très-difficile et sans doute très-diverse que recevra la loi nouvelle.

Suivant Pothier, *de la propriété*, n° 48, « L'*usage* avait introduit une exception « au droit qu'a le propriétaire d'un fief « d'empêcher que les autres n'y chassent, « qui est que si mon voisin a levé sur son « fief un gibier, je ne puis, tant que ses « chiens sont à la poursuite, l'empêcher « de les suivre sur mon fief. » Cet usage avait été consacré par un arrêt du Parlement de Paris du 17 mars 1573[1], et par un autre arrêt du Parlement de Toulouse, du 2 juin 1608[2]. Le motif qu'en donnaient les jurisconsultes, était la nécessité de la chasse à courre, qui était un droit,

[1] Bacquet, *Des droits de justice*, chap. 34, som. XIII.

[2] Larocheflavin, chap. XXVIII, art. 8; Ferrerius sur Guy-Pape, quest. 218.

et ne pouvait s'exercer, si cette faculté n'était reconnue au chasseur : « Cela est « fondé, dit Graverol, entre autres rai-« sons, sur cette maxime que *ubi finis* « *habet necessariam dependentiam a* « *principio, spectatur ipsius princi-* « *pium.* »

Cependant aucune disposition législative n'avait consacré cet usage en droit commun; les auteurs différaient dans son application, et les tribunaux n'avaient statué que sur des espèces particulières. Ainsi Graverol, que nous venons de citer, voulait que, conformément à la coutume suivie en Allemagne, « cela ne fût observé « qu'à l'égard d'une bête qui aurait été « *blessée* dans la terre du chasseur. »

La coutume de Bourgogne, dans son art. 105, portait ce qui suit :

La bête mute de la chasse d'aucun ayant droit et pouvoir de faire chasser, se peut poursuivre en autre justice ou seigneurie; et si elle est prinse et abattue, elle doit être rendue au premier de qui chasse elle mute, si elle est poursuivie par les chasseurs ou par les chiens devant vingt-quatre heures après qu'elle sera abattue, et doit être gardée ladite bête sans démembrer lesdites vingt-quatre heures devant.

Un arrêt de la Table de marbre de Toulouse avait rendu entre le seigneur de Marsan et le seigneur d'Aignan un jugement portant,

Que si le gibier levé par le seigneur d'Aignan, dans sa terre passoit dans celle de Marsan, le seigneur d'Aignan seroit tenu de s'arrêter à l'extrémité de sa terre, d'où, avant que d'entrer dans celle de Marsan, il seroit obligé d'envoyer un de ses domestiques, sans armes, ou autre personne de sa suite, au château du seigneur de Marsan, pour l'avertir qu'il n'entroit dans sa terre que pour rompre les chiens, ou réclamer et prendre son oiseau; et qu'en cas avant d'avoir rompu ses chiens, ou réclamé et pris son oiseau, le gibier poursuivi viendroit à être pris, le seigneur d'Aignan seroit tenu de l'envoyer incontinent par un de ses valets offrir au seigneur de Marsan dans son château, et de se retirer ensuite, ses chiens couplés et son oiseau sur le point[1].

On voit que la règle indiquée par Pothier, comme un usage, n'était ni confirmée par la loi générale, ni adoptée pleinement par les tribunaux.

[1] Lapoix Fréminville, *Droits seigneuriaux*, t. IV, p. 660.

Ce n'est ni cet usage, ni cette règle que nos législateurs ont entendu conserver; au contraire, le souvenir de son existence et du droit qu'elle semblait constituer dans la jurisprudence féodale, avait évidemment déterminé son rejet par la Chambre des députés; la disposition rétablie par la Chambre des pairs fut l'objet d'une nouvelle discussion devant la première, et faillit être repoussée. Le rapporteur de la commission s'était ainsi exprimé :

« Il est impossible que vous placiez les chasseurs dans cette situation que lorsque vous leur dites : *vous pouvez chasser à courre,* ils soient constamment dans l'incertitude de savoir si, en usant de ce droit que vous leur conférez, ils commettront ou non un délit.

« Dans l'état actuel des choses, d'après la loi qui nous régit, il n'y a jamais délit, quand les chiens passent seuls sur l'héritage d'autrui.

« Mais si vous dites : *pourra être considéré comme délit* le fait du passage des chiens, vous me laissez dans un état d'incertitude; je ne sais si je commets ou non un délit. Or, une telle situation est intolérable; je ne puis rester dans le vague et dans le doute. Je dois être le premier juge de mes actions, et, pour cela, il faut que je sache à l'avance ce que j'ai le droit de faire, et ce qui m'est interdit. Mais quand vous donnez à des juges la faculté de déclarer que telle chose que vous m'avez permise sera cependant un délit ou un fait licite à leur volonté, je ne suis plus maître de régler ma conduite et mes actions, ou plutôt, par prudence, je dois m'abstenir. Vous m'enlevez donc le droit de chasse que vous m'aviez reconnu.

« Je demande donc le rejet du paragraphe, parce qu'alors je me retrouve placé sous les dispositions de la loi qui nous régit, c'est-à-dire d'une loi qui ne me rend pas responsable du fait de mes chiens, mais seulement du dommage qu'ils auront causé. Je comprends, en effet, et je ne puis pas ne pas comprendre que je dois la réparation du dommage s'il y a dommage ; cela est consacré par la loi et la jurisprudence. Mais je ne puis comprendre que vous me condamniez à l'amende, pour la conséquence forcée et involontaire de ma part d'une faculté que vous m'accordez. Je comprends moins encore que vous me laissiez dans le doute sur le point de savoir si, dans ce cas, je suis ou je ne suis pas en délit, par suite, si je dois être ou non condamné. »

Le Garde des sceaux soutint et fit admettre la disposition, en disant :

« Quelle a été votre intention ? C'est qu'on ne pût abuser de la disposition de la loi, et que le braconnier qui, après avoir lancé le gibier sur une parcelle de terrain qui pourrait lui appartenir, ferait passer ses chiens sur le terrain d'autrui pour lui ramener le gibier, pût être poursuivi et condamné. Il était essentiel, en effet, qu'il y eût dans la loi une disposition qui permît de poursuivre et de punir le fait que je viens de qualifier. Quant aux craintes qu'on a manifestées, je n'ai aucune inquiétude pour le chasseur loyal qui restera lui-même sur ses propriétés, et ne pourra empêcher ses chiens de pénétrer sur la propriété d'autrui. Je ne crains pas que jamais la loi soit tournée contre lui; mais il faut qu'elle soit très-sévère contre les braconniers; qu'elle permette de les atteindre par tous les moyens possibles, et j'insiste par ce motif sur le maintien du paragraphe proposé. »

L'esprit de la loi nous semble fort nettement expliqué : son motif est le même que celui qui avait établi l'ancien usage, savoir, la nécessité, *dependentia necessaria a principio licito*; dès que la chasse à courre était permise, il fallait en tolérer les inconvénients inévitables; ce qui motivait le droit, dans la jurisprudence ancienne, motive aujourd'hui l'excuse.

Mais il faut que les inconvénients du fait prouvé n'aient pu être évités; la tolérance se restreint à ce que l'accomplissement de ce fait a d'absolument nécessaire ; ainsi c'est le passage et non la chasse qui est l'objet de l'exception ; les chiens seuls doivent avoir pénétré, ou le chasseur, seulement pour les rompre ou les rappeler ; le gibier doit avoir été lancé sur la terre du maître, sans toutefois qu'il doive avoir été déjà blessé ; il ne doit pas être tué sur le terrain d'autrui, car il y aurait chasse et non simple passage des chiens. En un mot, il faut que les chiens soient entrés sur la propriété voisine, malgré le chasseur ; c'est l'intention reconnue de celui-ci, qui déterminera le caractère du fait, et lorsque les juges se seront assurés qu'il n'y a eu de la part de l'inculpé aucune volonté préconçue de violer le territoire d'autrui, ils pourront déclarer qu'il n'y a pas délit.

Sans doute, l'arbitraire aura sa place dans l'appréciation de ce fait ; mais toutes les fois que la loi exige une intention déterminée, elle ne peut tracer au magistrat d'autre règle que sa conscience. Quant au chasseur, il doit savoir que le passage sur le terrain d'autrui dans les circonstances indiquées, n'est pas un droit, mais un fait excusable, et son intention ne peut pas l'égarer, puisqu'elle détermine pour lui, comme pour la loi, la responsabilité de son action. Les tribunaux pourront désormais différer sur l'appréciation des circonstances, mais non sur le principe même de l'excuse ; il est écrit dans la loi et avant qu'il s'y trouvât, son existence doctrinale avait été plusieurs fois méconnue. (Cour de Douai, arrêts des 11 février et 3 mars 1843.)

La circonstance prévue par cette disposition, ne doit pas être confondue avec celle où un chasseur, pour se rendre sur un terrain où la chasse lui est permise, est obligé de passer sur les terres d'autrui ; le passage dans ce cas n'est pas fait de chasse et doit être considéré comme tout autre passage sur les terres d'autrui. Un jugement de la Table de marbre du 6 juillet 1707 prescrivait dans cette circonstance, de tenir les chiens courants en laisse ou de les attacher deux à deux.

Chiens courants. — La disposition ne concerne pas les chiens couchants ; cependant le principe est le même et le délit sera toujours excusable, s'il est certain que le chasseur n'a pas pu retenir son chien, ou qu'il est entré à son insu sur la terre d'autrui. En faisant une application expresse de ce principe à la chasse à courre, le législateur n'a pas entendu l'interdire ou le restreindre ; le défaut d'intention ne cesse pas d'être une cause exclusive de toute espèce de délit de chasse.

En cas de dommage. — Le simple passage sur le terrain d'autrui n'est une cause légitime d'action judiciaire, qu'autant qu'il y a un dommage commis et le passage n'en est pas un par lui-même ; il en est autrement du fait de chasse. *Voyez* nos notes sur l'art. 26.

Aux arrêtés des préfets.—*Voy.* nos notes sur l'art. 9. Ces arrêtés ne sont pas comme ceux qui déterminent l'ouverture ou la clôture de la chasse, exécutoires seulement dix jours après leur publication ; ils le sont immédiatement.

Ceux qui auront pris ou détruit. — C'est la sanction de l'interdiction portée par l'art. 4, troisième alinéa.

Aucune peine n'existe pour la prise ou destruction de couvées autres que celles des faisans, cailles ou perdrix, sur le terrain d'autrui ; l'interdiction n'est pas dans la loi ; mais elle peut résulter des arrêtés que les préfets ont droit de prendre pour prévenir la destruction des oiseaux ; à défaut de cette mesure, l'action que le propriétaire du terrain, pourrait intenter, n'aurait lieu qu'à fins civiles. Nous examinons sous l'art. 26 quels sont ses droits à cet égard.

Fermiers de la chasse. — Relativement aux fermiers des particuliers, il semble que la contravention aux conditions de leur contrat, doit constituer la chasse sur le terrain d'autrui sans le consentement du propriétaire ; celui-là, en effet, qui a consenti n'est pas censé l'avoir fait hors des conditions qu'il appose à la convention. Ainsi, par exemple, le fermier de la chasse, avec stipulation qu'il ne chasserait qu'au chien couchant, ne pourrait chasser à courre, sans commettre le délit prévu par l'art. 11, 2°. Sur la plainte du propriétaire et la justification par celui-ci qu'il n'a loué que pour la chasse au chien couchant, le ministère public devrait poursuivre et les tribunaux prononcer la condamnation à l'amende de 16 à 100 francs. Il en serait de même de toute limitation à l'exercice de la chasse, expressément stipulée dans le bail.

ARTICLE 12.

Seront punis d'une amende de 50 à 200 fr., et pourront, en outre, l'être d'un emprisonnement de six jours à deux mois :

1° Ceux qui auront chassé en temps prohibé ;

2° Ceux qui auront chassé pendant la nuit, ou à l'aide d'engins et instruments prohibés, ou par d'autres moyens que ceux qui sont autorisés par l'art. 9 ;

3° Ceux qui seront détenteurs ou ceux qui seront trouvés munis ou porteurs, hors de leur domicile, de filets, engins ou autres instruments de chasse prohibés ;

4° Ceux qui, en temps où la chasse est prohibée, auront mis en vente, vendu, acheté, transporté ou colporté du gibier ;

5° Ceux qui auront employé des drogues ou appâts qui sont de nature à enivrer le gibier ou à le détruire ;

6° Ceux qui auront chassé avec appeaux, appelants ou chanterelles.

Les peines déterminées par le présent article, pourront être portées au double contre ceux qui auront chassé pendant la nuit sur le terrain d'autrui, et par l'un des moyens spécifiés au § 2, si les chasseurs étaient munis d'une arme apparente ou cachée.

Les peines déterminées par l'article 11 et par le présent article, seront toujours portées au maximum, lorsque les délits auront été commis par les gardes champêtres ou forestiers de l'État et des établissements publics.

Pourront être. — La condamnation à l'amende, est de rigueur, sauf à la réduire au minimum ; l'emprisonnement n'est que facultatif et doit s'ajouter à l'amende et non la remplacer.

Temps prohibé. — L'époque de la clôture doit être déterminée, c'est-à-dire publiée par les voies de droit, au moins dix jours à l'avance ; ainsi l'arrêté ne devient obligatoire que dix jours après sa publication, et le temps prohibé ne commence qu'à cette époque, encore qu'un jour plus prochain ait été expressément fixé. *Voy*. l'art. 9.

Ou à l'aide. — Il n'est pas nécessaire que ces circonstances soient réunies; l'existence d'une seule entraîne l'application de la peine.

Instruments prohibés. — *Moyens autorisés.* — Tous les instruments de chasse autres que le fusil, sont compris dans la prohibition de la loi. Les moyens autorisés sont ceux qui ont été permis par les arrêtés des préfets; *voyez* néanmoins nos observations sur l'art. 9 aux mots *même avec des armes*.

Le port ou la détention d'instruments autorisés à l'égard de certains gibiers, quoique prohibés à l'égard des autres, sera toujours réputé licite; dès qu'un fait peut être innocent, il est nécessairement présumé tel. Il n'y aura donc de punissable que l'emploi de l'engin à l'usage interdit; mais *voyez* ce que nous disons *infrà* au mot *chanterelle*.

Détention. — L'instruction du Ministre de la justice contient ce qui suit :

La loi sur la pêche fluviale ne punit que les individus trouvés munis ou porteurs, hors de leurs domiciles, de filets et engins prohibés. La loi sur la chasse va plus loin. Elle punit ceux qui en sont possesseurs et les détiennent dans leurs domiciles. Il a été reconnu qu'une demi-mesure serait insuffisante ; que les braconniers qui font usage de ces mmenses filets, à l'aide desquels on détruit des compagnies entières de perdreaux, n'auraient jamais l'imprudence de se montrer porteurs, en plein jour, de ces instruments de délit, et que, pour atteindre sûrement le but que l'on devait se proposer, il était nécessaire de rechercher les filets et les engins prohibés jusque dans leurs domiciles. L'exécution de la disposition dont il s'agit ne peut faire craindre d'abus. Les visites domiciliaires, pour constater la détention des instruments de chasse prohibés, ne devront avoir lieu, comme pour les délits ordinaires, que sur la réquisition du ministère public et en vertu d'une ordonnance du juge d'instruction.

Cette disposition a soulevé une énergique opposition ; rejetée d'abord à la Chambre des députés, elle n'a été admise à la Chambre des pairs qu'avec une extrême difficulté et sur l'affirmative, par M. le Garde des sceaux, qu'elle ne serait employée que contre les braconniers de profession. Voici ses paroles :

Nous vous demandons seulement de déclarer que le fait de la détention d'instruments ou engins prohibés sera un délit. Eh bien, qu'est-ce qui constatera ce délit? Puisqu'on ne peut constater la détention qu'à domicile, ce sera évidemment le magistrat qui, aux termes du droit commun, a seul le droit de pénétrer dans le domicile des citoyens et de s'y livrer à des recherches. Ainsi il n'y aura pas là vexations; il n'y aura pas perquisitions faites en dehors des termes du droit commun; ce sera le magistrat inamovible, ce magistrat seul qui pourra ordonner ces perquisitions. Cela n'aura pas lieu sur la dénonciation du premier venu; le magistrat n'ordonnera la perquisition que lorsqu'il sera à peu près sûr de l'existence du délit; ce ne sera pas sur la dénonciation d'un inconnu; mais lorsque des renseignements positifs lui seront transmis, lorsque le maire d'une commune, lorsque le juge de paix, lorsque des propriétaires méritant considération lui écriront qu'*un braconnier de profession* a des filets chez lui, il ordonnera des perquisitions. Vous n'avez nullement à craindre, comme on vous l'a dit tout à l'heure, que des perquisitions aient lieu chez la veuve ou chez les enfants d'un braconnier. Il est clair que les magistrats locaux ne dénonceront pas les enfants. *C'est le braconnier, c'est-à-dire celui qui se livre à cette chasse illégale tous les jours, qui sera dénoncé, signalé au procureur du Roi, et chez qui l'on fera des perquisitions.*

Cependant la disposition existe et l'on doit en convenir, elle est au moins dans son texte, absolue et sans exception.

S'étend-elle au propriétaire ou possesseur qui, aux termes de l'art. 2, peut chasser en tout temps dans l'enclos attenant à son habitation ?

S'il fallait décider affirmativement cette question, on devrait reconnaître la plus étrange contradiction dans la loi ; celui qui pourrait chasser en tout temps, de nuit et de jour, à toutes sortes de gibiers, détruire toutes sortes d'oiseaux, même à l'époque de l'accouplement, celui qui pourrait manifester son action au dehors par des coups de fusil et tous les signes bruyants de la chasse à courre, n'aurait pas le même droit dès qu'il s'agirait de filets ou d'engins ; il serait à cet égard soumis à une visite domiciliaire, et la loi qui respecte son parc et son jardin, à ce point qu'elle y tolère des faits qu'elle défend à tout autre, et à lui-même, partout ailleurs, ne respecterait pas sa maison !

Il nous semble que si la distinction de l'art. 2 n'est pas écrite dans l'art. 12, n° 3, elle s'y trouve virtuellement ; la loi nouvelle est une loi de police, et le législateur a renoncé à l'exercer en ce qui est de la chasse, dans les habitations attenantes à une possession enclose, non moins que dans la possession attenante à l'habitation.

Nous n'avons rien trouvé de contraire à cette opinion, dans la discussion à la Chambre des pairs, discussion qui a déterminé l'adoption de l'article, et par conséquent doit servir à en fixer le sens ; loin de là, on se faisait précisément de cette exception une arme contre la proposition, et M. Persil disait, à la séance du 28 avril :

Le domicile est inviolable, tout le monde le reconnaît, et cependant, avec ce délit, sous le prétexte qu'un homme de la campagne détient des filets, on fera une descente chez lui, et on le signalera à toutes les mauvaises passions. M. le Garde des sceaux nous dit que cela ne se fera qu'en vertu d'ordonnances de la justice. Sans doute. Mais l'homme riche, *qui peut chasser dans son parc clos, même avec des filets, et chez lequel vous ne ferez pas de descente*, dont vous ne violerez pas le domicile, n'aura-t-il pas un privilége qui sera refusé à l'homme des champs? Je livre cette réflexion à vos méditations. Craignons d'accréditer ce que l'on n'a que trop dit, que la loi, relativement à la chasse, est faite contre la petite propriété.

M. le Garde des sceaux ne niait pas cette différence ; il ne dit pas qu'on ferait la visite chez tout le monde ; il disait au contraire qu'on ne la ferait que chez le braconnier ; toutes ses paroles supposent cette pensée, et sont exclusives d'une prohibition ayant pour effet de détruire en partie le bénéfice de l'art. 2.

Une première observation, disait-il, que je soumettrai à la Chambre, c'est que ces instruments prohibés par la loi ne peuvent servir qu'à commettre *des délits de chasse*. Cela étant, nous sommes, ce me semble, conduits nécessairement à dire que, du moment où les objets dont il s'agit ne sont et ne peuvent être que des instruments *de délits*, il faut que la justice puisse poursuivre et punir celui qui en est détenteur, et qui ne peut en être détenteur que pour s'en servir à un usage coupable.

Or, un délit de chasse ne peut pas être commis dans un lieu où l'on peut chasser sans permis et en tout temps ; le possesseur d'un enclos attenant à son habitation ne tombe donc pas sous la prévision de la loi : ce que M. Persil avait objecté reste vrai ; il y a inégalité entre le propriétaire d'un parc et le braconnier ; le premier n'est pas atteint par la loi qui défend la détention des filets, et il peut s'en servir dans les lieux où toute chasse lui est permise.

Toutes les fois qu'il s'agira du bénéfice de l'art. 2, de ses conséquences et de son étendue, on devra s'en rappeler le motif clairement énoncé, par le rapporteur, à la Chambre des pairs : « Son but est de ne « point permettre des *recherches*, des *in-* « *vestigations* qui seraient toujours vexa- « toires et souvent illicites. » La disposition relative à la détention n'a point changé la cause de l'art. 2, et pour qu'elle y ait apporté une exception, il faudrait qu'elle fût formelle et que le doute ne fût pas permis.

Hors de leur domicile. — Le privilége

de l'art. 2 ne s'étend pas jusque-là ; la chasse, ses moyens, ses produits doivent être renfermés dans l'enclos du domicile. *Voy.* l'art. 4.

Mis en vente. — A l'égard des aubergistes et marchands chez lesquels la recherche du gibier pourra être faite à domicile, la détention suffit pour constater la mise en vente ou l'achat; c'est ce qui résulte de ce que la loi autorise la recherche.

Chanterelle. — Lors de la discussion de cette disposition, M. Pascalis demanda si les préfets pourraient, en réglant l'époque et le mode de chasse pour les oiseaux de passage, autoriser la chasse même avec appeaux et appelants : M. le Garde des sceaux répondit : « Les préfets, en faisant « leurs arrêtés pour la chasse aux oiseaux « de passage pourront prendre telles dis- « positions qu'ils voudront relativement au « mode de cette chasse. »

Une difficulté assez grave s'élèvera tous les jours, si la loi s'exécute avec la rigueur qu'on semble avoir projetée dans son application; car il arrivera souvent que le piége tendu pour un oiseau de passage, prendra un oiseau du pays; condamnera-t-on celui qui dans un collet à bécasse, permis par arrêté du préfet, aura pris un merle? Les tribunaux devront apprécier la bonne foi du chasseur et sa véritable intention. Un grand nombre de délits de cette espèce doivent échapper, et souvent les gardes champêtres devront fermer les yeux.

Pendant la nuit. — Nous avons dit, dans l'art. 9, au mot *jour*, que l'affût n'était pas nécessairement compris dans la prohibition de la chasse de nuit; cette distinction doit également s'appliquer à la disposition actuelle. L'application du double de la peine est facultative.

Terrain d'autrui. — Sans le consentement du propriétaire, quoique le texte ne le porte pas; mais dans la loi il n'existe de différence entre la chasse dans le terrain d'autrui et celle qui a lieu sur son propre terrain que dans le droit; cette différence disparaît dès que le droit est acquis par la concession du propriétaire.

ARTICLE 13.

Celui qui aura chassé sur le terrain d'autrui sans son consentement, si ce terrain est attenant à une maison habitée ou servant à l'habitation, et s'il est entouré d'une clôture continue faisant obstacle à toute communication avec les héritages voisins, sera puni d'une amende de 50 à 300 fr., et pourra l'être d'un emprisonnement de six jours à trois mois.

Si le délit a été commis pendant la nuit, le délinquaut sera puni d'une amende de 100 fr. à 1,000 fr., et pourra l'être d'un emprisonnement de trois mois à deux ans, sans préjudice dans l'un et l'autre cas, s'il y a lieu, de plus fortes peines prononcées par le Code pénal.

Clôture. — *Voy*. ce que nous avons dit sous les art. 2 et 11. La chasse, dans un enclos attenant à une habitation, sans le consentement du propriétaire et sciemment, est une sorte d'injure à celui-ci, et a souvent été l'occasion de rixes graves. C'est une violation du domicile, dont l'enclos fait partie, et le plus souvent elle ne s'exécute qu'à l'aide d'effraction ou d'escalade; cependant cette dernière considération, quoique les rédacteurs de la loi l'aient produite avec insistance, n'est pas absolument déterminante; celui qui serait entré dans l'enclos par la porte, encore qu'elle fût accidentellement ouverte, n'en aurait pas moins encouru la peine; il en serait de même de celui qui n'aurait eu qu'une haie ou un fossé à franchir. C'est toujours violer le domicile, et s'exposer à des querelles avec le propriétaire plus justement irritable parce qu'il est chez lui.

ARTICLE 14.

Les peines déterminées par les trois articles qui précédent pourront être portées au double si le délinquant était en état de récidive, s'il était déguisé ou masqué, s'il a pris un faux nom, s'il a usé de violences envers les personnes, ou s'il a fait des menaces, sans préjudice, s'il y a lieu, de plus fortes peines prononcées par la loi. — Lorsqu'il y aura récidive, dans les cas prévus par l'article 11, la peine de l'emprisonnement de six jours à trois mois pourra être appliquée si le délinquant n'a pas satisfait aux condamnations précédentes.

Récidive. — *Voy.* l'art. suivant.

Faux nom. — Sur le refus de se nommer, *voy.* l'art. 25.

Fortes peines. — Celles dont il s'agit ici sont prononcées par le Code pénal contre la rébellion.

ART. 211. Si la rébellion a été commise par une réunion de trois personnes ou plus, jusqu'à vingt inclusivement, la peine sera la réclusion ; s'il n'y a pas eu port d'armes, la peine sera un emprisonnement de six mois au moins et deux ans au plus.

ART. 212. Si la rébellion n'a été commise que par une ou deux personnes avec armes, elle sera punie d'un emprisonnement de six mois à deux ans; et, si elle a eu lieu sans armes, d'un emprisonnement de six jours à six mois.

Pourra être. — Il s'agit ici des délits prévus par l'art. 11 ; l'emprisonnement n'est pas prononcé dans le cas de ces délits, mais s'il y a récidive, les juges auront la faculté de l'ordonner.

ARTICLE 15.

Il y a récidive lorsque, dans les douze mois qui ont précédé l'infraction, le délinquant a été condamné en vertu de la présente loi.

Condamné. — Le délai se compte du jugement définitif de condamnation au jour de l'infraction et non pas au jour de la seconde condamnation. (Cassation, 17 juin 1830 et 30 mai 1834.)

Présente loi. — Ainsi la récidive a lieu quelle que soit la nature des délits qui se suivent ; il suffit qu'il donne lieu à une condamnation prononcée en vertu de la loi actuelle.

ARTICLE 16.

Tout jugement de condamnation prononcera la confiscation des filets, engins et autres instruments de chasse. Il ordonnera, en outre, la destruction des instruments de chasse prohibés. — Il prononcera également la confiscation des armes, excepté dans le cas où le délit aura été commis par un individu muni d'un permis de chasse, dans le temps où la chasse est autorisée. — Si les armes, filets, engins ou autres instruments de chasse n'ont pas été saisis, le délinquant sera condamné à les représenter ou à en payer la valeur, suivant la fixation qui en sera faite par le jugement, sans qu'elle puisse être au-dessous de cinquante francs. — Les armes, engins ou autres instruments de chasse, abandonnés par les délinquants restés inconnus, seront saisis et déposés au greffe du tribunal compétent. La confiscation, et, s'il y a lieu, la destruction en seront ordonnées sur le vu du procès-verbal. Dans tous les cas, la quotité des dommages-intérêts est laissée à l'appréciation des tribunaux.

Instruments de chasse prohibés. — Les instruments licites sont confisqués; les instruments prohibés sont en outre détruits. Si l'instrument est un fusil, la confiscation n'a pas lieu dans le cas où le chasseur était muni d'un permis et la chasse ouverte; la destruction peut être ordonnée si le fusil a été abandonné par un délinquant resté inconnu.

Les armes.—L'instruction du Ministre de la justice, porte ce qui suit:

L'article 16 a tracé les règles à suivre pour la confiscation des instruments de chasse, la destruction de ceux de ces instruments qui sont prohibés et ne peuvent jamais servir que pour commettre des délits, et la représentation des armes, filets et engins qui n'ont pu être saisis. Ses dispositions sont claires et complètes. Je ne ferai, sur cet article, qu'une seule observation. La peine de la confiscation qu'il prononce ne doit pas être une peine illusoire. Pour qu'elle soit efficace, il faut que les armes et les instruments du délit qui seront déposés au greffe, par suite de la confiscation, ne soient pas des fusils hors de service, des instruments qui n'ont pas pu être employés à commettre le délit. Les agents chargés de verbaliser, en matière de chasse, devront être invités à désigner aussi exactement que possible les armes et les autres instruments dont les délinquants auront été trouvés porteurs, et vos substituts devront veiller à ce que les jugements qui auront ordonné la confiscation et le dépôt au greffe d[illegible]bjets décrits soient strictement exécutés.

Saisie. — *Voy.* l'art. 25.

Dommages-intérêts. — *Voy.* l'art. 26 au mot *Partie intéressée.*

ARTICLE 17.

En cas de conviction de plusieurs délits prévus par la présente loi, par le Code pénal ordinaire ou par les lois spéciales, la peine la plus forte sera seule prononcée. — Les peines encourues pour des faits postérieurs à la déclaration du procès-verbal de contravention pourront être cumulées, s'il y a lieu, sans préjudice des peines de la récidive.

La peine la plus forte. — La confiscation n'est pas une peine proprement dite, et ce n'est pas à son égard que le cumul ne peut avoir lieu; ainsi tous les instruments doivent être confisqués encore que chacun ait servi à un délit différent, et qu'une seule peine doive être encourue, même dans le cas où la plus forte peine ne serait pas celle d'un délit de chasse.

Déclaration du procès-verbal.—C'est cette déclaration qui met le contrevenant en demeure de cesser les délits ; une fois averti une nouvelle série de délits commence et peut donner lieu à de nouvelles peines.

ARTICLE 18.

En cas de condamnation pour délits prévus par la présente loi, les tribunaux pourront priver le délinquant du droit d'obtenir un permis de chasse pour un temps qui n'excédera pas cinq ans.

Pourront. — Cette peine est grave, et il a été reconnu dans la discussion que les tribunaux ne devront l'infliger que pour des causes sérieuses ; le pouvoir discrétionnaire qui leur est laissé ne l'a été que faute par les rédacteurs de la loi de pouvoir s'entendre sur l'établissement de circonstances déterminées. Cette peine se cumule avec les autres condamnations.

ARTICLE 19.

La gratification mentionnée en l'article 10 sera prélevée sur le produit des amendes. — Le surplus desdites amendes sera attribué aux communes sur le territoire desquelles les infractions auront été commises.

L'instruction du Ministre de la justice porte ce qui suit :

D'après les articles 10 et 19, qui se lient l'un à l'autre, et que, par ce motif, je n'ai pas séparés dans les observations auxquelles ils donnent lieu, les gratifications qui seront accordées aux gardes et gendarmes rédacteurs de procès-verbaux seront déterminées par des ordonnances royales et prélevées sur le produit des amendes. La loi a voulu assurer le payement de ces gratifications en attribuant aux gardes et gendarmes un prélèvement sur le produit des amendes qui auront été prononcées par suite de leurs procès-verbaux. Des mesures seront prises pour que la loi reçoive sur ce point une prompte exécution. Une ordonnance, préparée par les soins de M. le Ministre de finances, réglera la quotité des gratifications et les moyens d'en effectuer le payement dans le plus bref délai possible.

ARTICLE 20.

L'article 463 du Code pénal ne sera pas applicable aux délits prévus par la présente loi.

L'art. 463 du Code pénal. — Cet article, en ce qui pouvait être applicable à la matière, est ainsi conçu :

Dans tous les cas où la peine de l'emprisonnement et celle de l'amende sont prononcées par le Code pénal, si les circonstances paraissent atténuantes, les tribunaux correctionnels sont autorisés, même en cas de récidive, à réduire l'emprisonnement même au-dessous de six jours et l'amende même au-dessous de seize francs.

Délits. — Les principes généraux de la législation pénale distinguent les délits des contraventions, en ce point que dans les délits l'intention est prise en considération comme cause d'acquittement, tandis qu'à l'égard des contraventions, elle peut seulement modifier la peine ; il était donc important de décider si les infractions à la loi de la chasse, seraient rangées dans la première ou dans la seconde catégorie. A cet égard, quelques membres ont fait des efforts demeurés sans résultat. Des opinions diverses ont été énoncées : le rapporteur de la commission à la Chambre des députés a dit :

On a reconnu que, dans la répression des délits communs, le juge avait à examiner non-seulement le fait matériel, mais encore à apprécier la question d'intention, tandis que, lorsqu'il s'agissait d'un délit de chasse, le fait seul constituait la contravention.

Et dans la séance du 26 février 1844, il s'expliquait en ces termes :

« Il est vrai que l'opinion du rapporteur, et c'est celle de la commission, est qu'en matière de contravention et de délit de chasse, l'intention ne peut être présentée comme une excuse; mais il n'en résulte pas qu'il n'y ait pas nécessité d'examiner le fait en lui-même, d'en apprécier les circonstances, afin de reconnaître si ces éléments constituent un délit. Dans cet examen, le juge recherchera si le fait a été le résultat de la volonté de celui auquel il sera imputé; mais il ne recherchera pas s'il y a eu intention de commettre ou de ne pas commettre un délit: c'est en ce sens que le fait seul constitue la contravention. — Ainsi, si je voulais citer un exemple, je dirais que dans le cas où des chiens s'échappant d'un chenil, parcourront la campagne, lanceront une pièce de gibier et la suivront, il n'y pas de délit de chasse imputable au propriétaire des chiens, s'il ne les suit pas ou ne les fait pas suivre pour tuer ou prendre le gibier. Pourquoi? parce que, dans ce cas, il n'y a pas acte résultant de sa volonté, et qu'il n'y a pas de fait de chasse.

« Mais si, dans une circonstance semblable ou toute autre, ce propriétaire parcourt en chassant la propriété d'autrui, croyant parcourir la sienne, son erreur, qui pourtant implique sa bonne foi, par conséquent son défaut d'intention, ne sera pas admise comme une excuse, parce que son fait, résultat d'une volonté libre, est un acte de chasse caractérisé.

« C'est dans ce sens que la commission a exprimé son opinion ; c'est dans ce sens qu'elle la maintient, etc. »

Telle a pu être la doctrine de la commission, mais assurément telle n'a pas été la pensée d'un grand nombre de ceux qui ont concouru à la rédaction de la loi, ni même celle de tous les membres de la commission ; ainsi M. Pascalis disait en combattant la disposition relative au passage des chiens sur la terre d'autrui :

Quand il s'agit de chasse, le tribunal qui est appelé à prononcer examine deux choses, *le fait et l'intention;* car ce n'est que devant les tribunaux de simple police que le fait seul détermine la condamnation. Dans la matière qui nous occupe, au contraire, il faut que le chasseur ait contrevenu à la loi, *non-seulement par le fait, mais encore par l'intention.*

Lors de la discussion des art. 1 et 11, 2°, sur la nécessité du consentement du propriétaire, il fut souvent avancé que l'erreur écarterait le délit ; la proposition expresse en fut faite en ces termes :

M. Ardant. Je demande qu'on ajoute le mot sciemment. (Exclamations.)

Je sais bien que la loi ne s'occupe que des actions commises sciemment ; mais je désire qu'il soit bien reconnu que c'est avec intention qu'on a chassé sur le terrain d'autrui. (Réclamations [1].)

Quand on chasse sur un terrain dont on n'est pas propriétaire, on ignore souvent la limite de la propriété.

M. le Président. L'amendement est-il appuyé? (Oui! oui! — Non! non!)

La proposition n'eut pas de suite, mais il en résulte évidemment qu'aux yeux d'un certain nombre, l'intention doit être prise en considération; et peut-être l'amendement ne fut-il pas discuté que parce qu'il était une conséquence du droit commun.

On trouve un exemple plus frappant encore de cette pensée dans la discussion du mot *détenteur* de l'art 12, § 3; assurément si la règle qu'il n'y a pas délit sans intention coupable semble écartée, c'est dans cette disposition; cependant elle ne l'a pas été. En effet, M. Mérilhou s'op-

[1] On a pu remarquer que la Chambre a souvent statué par *exclamations*, *acclamations* et *réclamations*; ce singulier mode de faire les lois laisse les interprètes dans une fâcheuse incertitude sur la véritable intention du législateur.

posa à l'amendement en disant que les juges seraient obligés de condamner une action qui pourrait être innocente, et M. Persil formulait ainsi cette objection :

Il n'y a de crime, de délit, que quand il y a action précédée ou accompagnée d'intentions mauvaises et perverses. Lorsqu'on vous a trouvé, hors de votre domicile, muni ou porteur de filets, il y a action, il y a commencement d'exécution : le braconnier est en quelque sorte pris en flagrant délit. Mais il n'est pas possible, sans forcer toutes les conséquences, de donner le même effet à la simple détention de filets ou engins, qui ne comporte encore ni action ni mauvaise intention. Le dépôt ou la détention peut n'avoir pas un mauvais principe ; il peut provenir d'un tiers, d'un père, d'un parent auquel on a succédé. Dans tous les cas, où trouver le principe d'un délit ?

M. le Garde des sceaux répondait :

L'honorable M. Mérilhou a objecté que les tribunaux seraient, d'après la disposition proposée, obligés de condamner toujours, et qu'il pourrait cependant y avoir des cas où la détention serait innocente : il vous a cité le cas où un individu aurait reçu de son père, par succession, des filets ou engins prohibés, sans se livrer lui-même au braconnage. Messieurs, si ce fait exceptionnel est constaté, je ne crains pas qu'on exerce contre ce fils les poursuites autorisées par l'article ; je ne crains pas surtout que les tribunaux le condamnent.

Enfin l'amendement relatif au cas où les chiens chassant entrent sans la volonté du maître, sur le terrain d'autrui, n'était combattu que comme inutile ; on disait :

S'il est parfaitement démontré au tribunal correctionnel que c'est sans le consentement du chasseur, malgré lui, que ses chiens, entraînés par l'ardeur de la poursuite, sont allés sur le terrain d'autrui, il n'y a pas de délit.

Et la disposition ne fut écrite qu'afin d'éviter toute incertitude de la part des tribunaux, et de leur prescrire formellement de ne pas voir un délit dans un cas où le fait était forcé et indépendant de la volonté du chasseur ; toute la discussion roula sur l'intention, et il ne vint à l'esprit de personne de soutenir que le fait devait entraîner la culpabilité, et par suite l'application de la peine, quoique la réparation du dommage involontaire ait été formellement réservée.

Nous croyons donc que les tribunaux ne devront pas s'arrêter à quelques assertions exorbitantes du droit commun; l'ensemble de la loi, les débats généraux et la manifestation de l'opinion du plus grand nombre témoignent assez que les législateurs n'ont pas entendu enlever au juge le devoir d'examiner l'intention et d'apprécier sous ce rapport la culpabilité du fait. Nous avons fait souvent, dans ce qui précède, application de ce principe, et les cas où nous l'avons mis en action démontrent peut-être plus que toute autre considération, la nécessité de l'admettre.

SECTION III.

De la poursuite et du jugement.

ARTICLE 21.

Les délits prévus par la présente loi seront prouvés, soit par procès-verbal ou rapports, soit par témoins, à défaut de rapports et procès-verbaux, ou à leur appui.

Cet article reproduit textuellement le 1er paragraphe de l'art. 154 du Code d'instruction criminelle ; ainsi les principes du droit commun, sont ceux de la loi spéciale en matière de preuves judiciaires du délit. Nos observations devant se borner à l'explication de ce que cette loi peut offrir de particulier, nous renverrons sur ce point, aux règles et à la jurisprudence générale.

ARTICLE 22.

Les procés-verbaux des maires et adjoints, commissaires de police, officiers, maréchal des logis ou brigadier de gendarmerie, gendarmes, gardes forestiers, gardes-pêche, gardes champêtres ou gardes assermentés des particuliers, feront foi jusqu'à preuve contraire.

Cette disposition se rapporte encore au droit commun; toutes les questions qui s'y rattachent ont été traitées dans le *Journal des Communes*. *Voy*. la table générale de cet ouvrage aux mots *garde champêtre*, *garde forestier*, *procès-verbal*, *délit rural*, etc.

Sur les attributions respectives des différents officiers mentionnés dans cet article, *voyez* l'article suivant.

ARTICLE 23.

Les procés-verbaux des employés des contributions indirectes et des octrois feront également foi jusqu'à preuve contraire, lorsque, dans la limite de leurs attributions respectives, ces agents rechercheront et constateront les délits prévus par le paragraphe Ier de l'article 4.

Sur cet article, l'instruction du Ministre de la justice porte ce qui suit :

L'article 23 porte que les procès-verbaux des employés des contributions indirectes et des octrois feront foi jusqu'à la preuve contraire, lorsque, dans la limite de leurs attributions respectives, ces agents rechercheront et constateront les délits prévus par le paragraphe Ier de l'article 4, c'est-à-dire la mise en vente, la vente, l'achat, le colportage et le transport du gibier en temps prohibé. Les motifs de cette disposition sont évidents. Les infractions dont il s'agit ici ne pourront presque jamais être constatées par les gardes et les gendarmes, appelés, par la nature de leurs fonctions, à rechercher plutôt les délits de chasse proprement dits qui se commettent au milieu des champs; mais les préposés de l'octroi, placés à l'entrée des villes pour surveiller les objets qu'on veut y introduire, les employés des contributions indirectes, obligés, par état, de visiter les auberges et les lieux ouverts au public, pourront, tout en remplissant leur mission, constater sans peine le transport et la vente illicites du gibier.

Attributions respectives. — Cette règle est commune à tous les autres officiers; ainsi les gardes champêtres et les gardes forestiers ne pourront faire aucune recherche chez les aubergistes et dans les lieux publics; les gendarmes n'ont pas mission de faire ouvrir les voitures et les paquets; le juge d'instruction seul a pouvoir d'ordonner une visite domiciliaire pour constater la détention d'engins prohibés; les gardes-pêche ne pourront constater que les délits de chasse sur les fleuves et rivières commis à leur garde; les gardes particuliers ne dresseront de procès-verbaux qu'à l'égard des infractions qui auront lieu sur les terres de leurs maîtres; les employés des contributions indirectes pourront rechercher l'existence du gibier, et à cet effet fouiller les voitures et les particuliers, partout où ils pourront faire des recherches et des perquisitions à raison des choses dont le transport est soumis à des prohibitions ou à des conditions fiscales; les agents de l'octroi pourront agir dans l'intérêt de la police de la chasse, toutes les fois qu'ils le peuvent dans l'intérêt de l'impôt dont ils doivent surveiller le recouvrement et dans les limites de l'exercice de cet impôt.

Il est à remarquer que dans les développements donnés par M. Franck Carré, rapporteur de la commission à la Chambre des pairs, sur cet article fortement combattu par M. de Gabriac, cet honorable magistrat déclara que les employés des contributions et des octrois ne devraient pas faire de recherches exprès pour reconnaître l'existence du gibier chez les aubergistes ou le transport, mais qu'ils constateraient ces délits lorsque dans l'exercice de leurs fonctions, ils viendraient à les rencontrer. C'est aussi ce que reproduit l'instruction ministérielle sustranscrite.

Par le § 1er *de l'art.* 4. — C'est celui qui défend de mettre en vente, de vendre, d'acheter, de transporter et de colporter du gibier pendant le temps où la chasse n'est pas permise. Ainsi tout autre délit ne pourra être constaté par les employés des contributions indirectes ou de l'octroi, et notamment la détention ou le port de filets ou engins prohibés.

ARTICLE 24.

Dans les vingt-quatre heures du délit, les procès-verbaux des gardes seront, à peine de nullité, affirmés par les rédacteurs devant le juge de paix ou l'un de ses suppléants, ou devant le maire ou l'adjoint, soit de la commune de leur résidence, soit de celle où le délit aura été commis.

Des gardes. — Ce n'est qu'à l'égard des procès-verbaux rédigés par les gardes champêtres, forestiers, gardes-pêche et gardes particuliers que l'affirmation est exigée. *Voy.* au surplus la table *générale du Journal des Communes*, au mot procès-verbal.

ARTICLE 25.

Les délinquants ne pourront être saisis ni désarmés ; néanmoins, s'ils sont déguisés ou masqués, s'ils refusent de faire connaître leurs noms, ou s'ils n'ont pas de domicile connu, ils seront conduits immédiatement devant le maire ou le juge de paix, lequel s'assurera de leur individualité.

Saisis. — C'est pour éviter les collisions que le chasseur ne doit pas être saisi dans sa personne, à moins qu'une présomption de délit plus grave que celui de la chasse ne vienne se joindre à celui-ci.

Par le même motif, le gibier ne sera pas saisi sur le chasseur, si la chasse a lieu en temps non prohibé. Mais si la chasse est close, pourra-t-on le saisir en vertu de l'article 4? Non, suivant l'observation de M. le comte Beugnot à la Chambre des pairs :

« Je prie la Chambre de remarquer qu'il ne s'agit pas ici de gibier saisi sur le chasseur. *Dans aucun cas,* il ne pourra l'être, ainsi qu'un article subséquent l'indique. Il ne s'agit que du gibier saisi dans le cas de l'article 4, c'est-à-dire quand il y a mise en vente, transport ou colportage. » (*Moniteur du* 29 *mars* 1844.)

Les filets, engins et instruments de chasse, autres que des armes, pourront être saisis.

Désarmés. — Ainsi les gardes ne devront jamais désarmer les chasseurs, quels qu'ils soient; cependant l'art. 16 suppose que les armes auront pu être saisies : « si les armes, filets..... n'ont pas été saisis. » C'est qu'en effet, orsque les chasseurs, masqués, ou refusant de faire connaître leur nom, ou n'ayant pas de domicile connu, se trouveront être des vagabonds ou des gens sans aveu, ils seront désarmés, en vertu de la loi du 14 août 1789.

ARTICLE 26.

Tous les délits prévus par la présente loi seront poursuivis d'office par le ministère public, sans préjudice du droit conféré aux parties lésées par l'article 182 du Code d'instruction criminelle. — Néanmoins, dans le cas de chasse sur le terrain d'autrui sans le consentement du propriétaire, la poursuite d'office ne pourra être exercée par le ministère public, sans une plainte de la partie intéressée, qu'autant que le délit aura été commis dans un terrain clos, suivant les termes de l'article 2, et attenant à une habitation, ou sur des terres non encore dépouillées de leurs fruits.

Poursuivis. — Devant le tribunal de police correctionnelle. C'est une conséquence du tarif des peines. (Art. 179 du code d'instruction criminelle.)

Le tribunal compétent est celui de l'arrondissement dans lequel le délit a été commis.

Si le délinquant est un officier de la police judiciaire, il sera poursuivi devant la Cour royale.

Un jugement du tribunal de Beauvais a décidé, le 16 novembre 1843, qu'un pair de France peut demander son renvoi devant la Cour des pairs. Le délit de chasse n'étant pas, de sa nature, indivisible, les particuliers co-prévenus du pair de France, restent justiciables des tribunaux ordinaires.

Partie lésée. — La lésion peut avoir plusieurs causes et s'appliquer à plusieurs objets.

Lorsque les fruits, récoltes ou le terrain lui-même auront subi des atteintes occasionnant un préjudice, l'évaluation de ce préjudice constituera les dommages-intérêts dont le tribunal ordonnera le paiement, quel que soit celui qui les réclame.

Mais lorsque le préjudice ne sera autre que la lésion morale résultant de ce qu'un individu aura exercé la chasse au mépris de la défense du propriétaire de ce droit, des dommages-intérêts seront-ils dus?

Sous l'empire de l'ordonnance de 1669, les dommages-intérêts existaient toutes les fois qu'il y avait condamnation, puisqu'une moitié des amendes était attribuée au propriétaire du droit de chasse, indépendamment des dommages-intérêts dus à raison du tort causé aux terres ensemencées, ou aux vignes, dans le temps de défense[1]. La loi de 1790, dans ses art. 1 et 2, suivit le même système, en accordant au propriétaire un minimum invariable qu'un tribunal ne pouvait lui refuser, sous le prétexte du défaut de préjudice matériel. La loi nouvelle n'a point reproduit cette disposition, et les tribunaux sont au contraire libres appréciateurs des dommages-intérêts dans tous les cas; c'est le vœu formel de l'art. 16, et la discussion constate que telle fut la pensée du législateur.

Les tribunaux seront donc autorisés à refuser toute espèce de dommages-intérêts au propriétaire auquel il n'aura pas été fait d'autre tort que celui de chasser sur ses terres sans son consentement.

Mais le propriétaire, malgré lequel le prévenu aura chassé et tué du gibier, sera-t-il fondé à réclamer, soit le gibier, soit des dommages-intérêts, à raison de sa destruction?

Les anciens jurisconsultes ont longue-

[1] Lapoix Fréminville, *Pratique des droits seigneuriaux*, tom. I, p. 685.

ment disserté sur cette question qu'ils ont cherché à résoudre par des textes de droit romain fort peu concluants ; aussi les glossateurs étaient-ils très-divergents, et les commentateurs qui leur ont succédé n'étaient pas davantage unanimes. Le plus grand nombre néanmoins décidait que le propriétaire du fonds ne pouvait réclamer son gibier, et s'appuyait d'une décision rendue à l'égard d'un citoyen de la ville de Pérouse, lequel était entré sur un domaine, malgré les défenses du propriétaire, et y avait fait une chasse fort abondante ; il fut jugé que nonobstant la prohibition il était devenu propriétaire du gibier, et que le maître ne pouvait le réclamer [1]. La raison de décider avait été que le dernier avait bien défendu l'entrée de son domaine, mais non la saisie du gibier, *quia solus ingressus est prohibitus, non captura*[2], cette dernière action ne pouvant tomber

[1] *Voy*. Chassaneus sur la coutume de Bourgogne, rub. 13, § 7 ; Ferrerius sur Guy-Pape, quest. 218, et les auteurs qu'il cite.

[2] *Cæpola, de servitutibus*, cap. XXI, n. 2.

sous la prohibition, parce qu'elle est du droit des gens.

Nous reconnaîtrons avec les jurisconsultes dont nous venons de parler, et ceux qui ont écrit de nos jours, qu'il ne faut pas confondre le droit de chasse avec la propriété du gibier ; les animaux sauvages, quoique résidant plus ou moins habituellement sur un terrain, n'en sont ni un fruit, ni un accessoire, ni une partie ; ainsi le droit au fonds, n'entraîne pas le même droit au gibier qui s'y trouve. Dès lors, nous ne considérons pas comme voleur soumis à restitution celui qui s'empare d'un animal sauvage sur le terrain d'autrui.

Mais il n'en est pas moins vrai que le droit de s'emparer de cet animal, est un élément du droit de propriété, et que celui-là seul qui est propriétaire peut l'exercer légalement ; car tout ce qui fait partie du droit de propriété est essentiellement exclusif. Si donc vous vous saisissez d'un animal que seul j'avais droit de saisir dans le lieu où il se trouvait, vous portez atteinte à mon droit, et si le gibier a une valeur, vous encourez un préjudice appréciable, et par conséquent réparable au moyen de l'argent.

Cette assertion est évidente lorsque la chasse a lieu au détriment d'un concessionnaire à titre onéreux; — il a payé ce droit de chasse dont les profits se trouvent anéantis par la destruction illicite du gibier sur lequel il a dû compter; l'existence d'un tort est manifeste.

Si la loi ne reconnaissait pas à l'exercice légitime de la chasse une valeur réelle, elle n'aurait pas sanctionné les contrats qui ont cet exercice pour objet. Le droit transmis deviendrait illusoire, s'il n'engendrait contre celui qui l'usurpe, une action en réparation.

Le propriétaire d'un bois ou d'un domaine giboyeux met en adjudication la ferme de la chasse; sur ces entrefaites une bande de chasseurs détruit le gibier; personne ne se présentera pour affermer un droit désormais sans profit; dira-t-on que les chasseurs ne doivent de dommages-intérêts qu'à raison du tort qu'ils auront causé aux bois ou récoltes existant sur le domaine? Assurément on ne le pourrait pas juger ainsi sans violer le droit de propriété.

Le droit de chasser est consacré par la loi et attribué au propriétaire seul ou à son cessionnaire; celui-ci ne peut être privé du bénéfice qu'il en doit attendre, sans qu'il y ait lieu à réparation; c'est un principe général écrit dans l'art. 1383 du Code civil, et rien n'autorise à penser qu'il y ait exception en fait de chasse.

Mais le tort causé n'est pas de la valeur du gibier, car le propriétaire, chasseur maladroit, ne l'eût peut-être pas tué lui-même; d'ailleurs les animaux pouvaient quitter son terrain, rien enfin ne lui en assurait la possession, et c'est pourquoi il n'en était pas propriétaire comme il l'est du sol; c'est donc du droit de chasse et de ses éventualités qu'il s'agit; l'appréciation de sa valeur et du tort causé, quelque arbitraire qu'elle puisse être, appartient aux tribunaux.

Ce que nous disons du gibier doit se dire

à plus forte raison des nids d'oiseaux et des petits d'animaux.

Si la loi n'a puni que la prise ou la destruction des œufs et couvées de faisans, de perdrix et de cailles, sur le terrain d'autrui (art. 4 et 11, 4°), il ne s'ensuit pas qu'il soit loisible à chacun de s'emparer des nids de toute espèce, sans le consentement du propriétaire ; ce n'est pas un fait de chasse punissable, mais c'est un fait illicite à l'égard de celui-ci; il peut l'interdire.

Nous avons cité *supra* sous l'art. 9, au mot *destruction*, un règlement de la Table de marbre, du 13 avril 1600, portant que la faculté de prendre des couvées de petits oiseaux, ou de les dénicher pour les nourrir, quoique exceptionnelle aux prohibitions de chasser les mêmes oiseaux devenus grands, ne pouvait avoir lieu *sans le congé ou la permission des particuliers propriétaires des héritages*. — La propriété rurale n'est pas moins puissante ni moins étendue aujourd'hui qu'elle ne l'était avant le Code civil; nous sommes donc fondé à penser qu'encore aujourd'hui les petits des oiseaux de toute espèce, ne peuvent être dénichés sans le congé du propriétaire de l'héritage.

Comme conséquence de ce droit, des dommages-intérêts lui sont dus si l'on contrevient à cette défense. Depuis longtemps le défaut des petits oiseaux qui détruisaient une multitude d'insectes nuisibles aux récoltes se fait sentir dans les campagnes ; cette circonstance a été l'un des motifs de la loi [1] ; en l'absence d'arrêtés du préfet qui interdise la destruction des nids, un propriétaire peut chercher à multiplier les oiseaux sur sa terre ; il est évident que celui qui empêchera cette tentative de réussir en enlevant les nids, lui causera un pré-

[1] Plusieurs députés ont particulièrement cité les chenilles ; il est une autre espèce d'insectes dont les ravages deviennent de plus en plus graves, à défaut d'oiseaux qui les dévorent ; ce sont les hannetons, qui sous leur forme première de ver blanc désolent aujourd'hui, par la destruction des plantations, des parties de la France agricole, où il y a quelques années ce fléau était inconnu ou du moins peu sensible.

judice sérieux et grave dont il devra la réparation.

Art. 182 *du Code d'instruction criminelle.* — Ce droit est celui de poursuivre par citation directe; les règles, en matière de chasse, sont les mêmes que celles de toute plainte à porter devant le tribunal correctionnel. Nous ne pouvons que renvoyer sur ce point au droit commun.

Consentement. — Nous avons examiné sous l'art. 11, 2°, au mot *consentement*, quelles sont les conditions du défaut de consentement relativement au ministère public. Nous traiterons ici cette question entre le chasseur et le propriétaire.

Le consentement n'a pas besoin d'être écrit; il peut même être tacite, ainsi que l'a exprimé un membre de la Chambre des députés, dont l'opinion est rapportée au mot *consentement*, de l'art. 11, 2°. Ainsi celui qui aurait plusieurs fois vu ou connu le fait de chasse sur son terrain, exécuté par un tiers, ne serait pas recevable à prétendre qu'il n'a pas consenti les faits nouveaux s'il n'a pas exprimé l'intention de les interdire.

Cette solution embrasse un grand nombre de cas. Mais la présomption cessera lorsque le propriétaire aura enjoint au garde champêtre d'empêcher toute personne ou la personne poursuivie de chasser ; il deviendra certain que le propriétaire n'a pas porté plainte à raison des faits précédents, faute de moyens de preuve ; le chasseur se serait trompé dans l'appréciation du silence de celui-ci, et son erreur suffisant pour écarter l'existence du délit, n'aura pas pour effet de suppléer au défaut constant de consentement, relativement à l'action civile.

La preuve de l'autorisation verbale pourra se faire par témoin ; le chasseur pourra même déférer sur ce point le serment décisoire (arrêt de la Cour de Paris du 14 mai 1828) ; par conséquent, les juges pourront admettre des présomptions, et nous avons commencé par examiner une hypothèse de cette nature.

C'est à ce genre de preuve que se rapportera la solution du point de savoir si un bail comporte pour le fermier le consentement du propriétaire, relativement à la chasse sur le terrain loué ; la décision dépendra nécessairement de l'espèce des terres affermées, de leur étendue, de la durée du bail, de la qualité du fermier, et plus encore, de l'usage du pays. Il est impossible de tracer aux juges d'autres règles que celles de l'art. 1353 du Code civil, qui exige pour la reconnaissance d'un droit, l'existence de présomptions graves, précises et concordantes.

Lorsque des conventions particulières n'auront pas été insérées dans le contrat d'antichrèse et que le créancier n'aura pas été envoyé en jouissance du bien lui-même, la chasse ne sera pas comprise dans les bénéfices du contrat. Aux termes de l'art. 2085 du Code civil, le créancier n'acquiert par cette convention, que la faculté de percevoir les fruits de l'immeuble, à la charge de les imputer sur les intérêts de sa créance. Le droit de chasse n'est pas un fruit; celui qui serait obligé de restituer les fruits d'un bien dont il aurait joui ne devrait pas y comprendre les produits des chasses qu'il y aurait faites; l'exercice de cette occupation n'est pas de nature à s'imputer sur des intérêts. Il en serait autrement si la chasse était affermée; le fruit du fermage lui appartiendrait comme produit de la propriété de l'immeuble. Cette distinction était admise par les jurisconsultes anciens, qui ont longtemps discuté le point de savoir si la chasse devait être comprise au nombre des fruits d'un fonds [1].

Poursuite d'office. — Les gardes devront-ils attendre pour dresser des procès-verbaux que le propriétaire leur ait fait connaître son intention de se plaindre, dans le cas où telle personne chasserait sur son terrain? Nous ne le pensons pas. Ils devront, dans tous les cas où le chasseur se trouverait sur le terrain d'autrui, s'enquérir du consentement du propriétaire; à cet effet c'est à lui qu'ils devront s'adresser, et si celui-ci déclare ne pas consentir, ils dresseront procès-verbal.

[1] *Voy.* notamment Ferrerius sur la 218e décision de Guy-Pape, et les auteurs qu'il cite.

Plainte. — Le seul dépôt du procès-verbal, même par la partie intéressée, au parquet du procureur du roi, n'autorise pas la poursuite. (Cassation, 22 juin 1815.)

Mais il n'est pas nécessaire que la partie plaignante se porte partie civile. (Cour de Liége, 8 avril 1823; Cour de Bruxelles, 24 juillet 1823.)

Dans le cas d'action directe, au contraire, le plaignant est nécessairement partie civile et doit constituer avoué.

Le ministère public n'est pas obligé de poursuivre sur la plainte, si le délit ne lui paraît pas suffisamment justifié. Si la chambre du conseil est appelée à statuer et décide qu'il n'y a lieu à suivre, le prévenu ne peut plus être mis en jugement pour le même fait, même par citation directe. (Cassation, 12 avril 1812.)

Une fois la plainte déposée, le désistement du plaignant et les conventions intervenues entre lui et le prévenu ne peuvent arrêter l'action publique; les offres même de dommages-intérêts ne font pas cesser l'action publique.

Le ministère public peut aussi interjeter appel des jugements rendus sur la plainte du propriétaire, encore que celui-ci ait acquiescé. (Cassation, 31 juillet 1830.)

Partie intéressée. — Le propriétaire du fonds n'est pas la seule partie intéressée, qui puisse utilement porter plainte; tout concessionnaire du droit de chasse, ou tout possesseur de récoltes endommagées, peut intenter une action civile, et par conséquent déterminer la poursuite du ministère public.

Le fermier, à raison des dommages causés aux haies, aux récoltes, aux productions quelconques des terrains qui lui sont loués, peut former sa plainte, ou intenter une action directe, encore qu'il n'ait pas le droit de chasser. (Cour d'Angers, 14 août 1826; Cour de Bruxelles, 6 novembre 1822; Cass., 9 avril 1836.)

Si le fait de chasse a eu lieu dans un fonds de l'État, le droit de plainte ou de poursuite appartient à l'administration forestière ou au fermier des chasses, suivant le cahier des charges. (Cassation, 23 mai 1835; Cour de Douai, 11 janv. 1838.)

Si la chasse a lieu sur un terrain communal, la plainte doit être formée par le maire. (Cassation, 10 juillet 1807 et 22 juin 1815.)

ARTICLE 27.

Ceux qui auront commis conjointement des délits de chasse, seront condamnés solidairement aux amendes, dommages-intérêts et frais.

Commis. — Celui qui n'aurait fait qu'accompagner le chasseur sans se rendre coupable de complicité ne serait pas compris dans la disposition; ainsi le porteur d'un permis, chassant avec des personnes qui n'en avaient pas, ne sera pas solidaire dans les suites de la condamnation de celle-ci.

Conjointement. — C'est-à-dire en concours d'une même chasse; mais ce n'est pas chasser conjointement que de se trouver en même temps dans la même pièce, si l'on ne réunit pas ses recherches ou ses chiens pour découvrir ou poursuivre le gibier.

Le délit de chasse sans permis n'est jamais conjoint ; c'est un fait toujours isolé et personnel.

Amendes. — Mais il y aura autant de condamnations et autant d'amendes que de délinquants, car il y a autant de délits distincts que de chasseurs. (Cassation, 17 juillet 1823.)

ARTICLE 28.

Le père, la mère, le tuteur, les maîtres et commettants sont civilement responsables des délits de chasse commis par leurs enfants mineurs non mariés, pupilles demeurant avec eux, domestiques ou préposés, sauf tout recours de droit.

Cette responsabilité sera réglée conformément à l'article 1384 du Code civil, et ne s'appliquera qu'aux dommages-intérêts et frais, sans pouvoir toutefois donner lieu à la contrainte par corps.

M. Delespaul a dit dans la discussion de cet article :

Au nombre des délits de chasse que la loi prévoit, se trouve celui-ci : Prohibition de rechercher les nids ou aires d'oiseaux, les œufs ou couvées de faisans, perdrix ou cailles. Par qui les délits de ce genre seront-ils commis le plus ordinairement ? L'honorable M. Luneau vous l'a dit tout à l'heure : ils le seront par des enfants ; ils le seront par des femmes. L'article 7 du titre II de la loi du 28 septembre et 6 octobre 1791, sur la police rurale, dit que les maris répondront des délits ruraux commis par leurs femmes. Je demande si cette disposition recevra ou non son application, en ce qui concerne les délits de chasse, ceux-là ou d'autres qui pourraient être commis par des femmes ?

La Chambre a répondu par une acclamation qui a paru négative ; c'est d'ailleurs ce qui résulte de ce que la loi nouvelle est la seule qui subsiste en ce qui concerne la chasse et ses conséquences et qu'elle ne reproduit point la responsabilité des maris.

Père. — Mère. — Tuteur. — La responsabilité cesse, aux termes de l'art. 1384 du Code civil, lorsque les pères et mères prouvent qu'ils n'ont pu empêcher le fait illicite ; ainsi ils devront être déchargés si le délinquant, voisin de la majorité, a chassé malgré leur défense.

Maîtres. — Domestiques. — Commettants. — Préposés. — La loi de 1790 ne rendait responsables que les pères et mères à l'égard des délits de leurs enfants mineurs ; la loi nouvelle étend cette disposition aux maîtres et aux commettants, mais immédiatement elle ajoute que la responsabilité sera réglée conformément à l'article 1384 du Code civil.

Ainsi, relativement aux domestiques, elle n'aura lieu qu'autant que le délit aura été commis par le domestique, dans les fonctions auxquelles il était employé par son maître ; il est évident que ce cas se bornera à celui où le maître aura employé lui-même son domestique à la chasse. Quant aux préposés, il n'est guères que les gardes-chasse ou gardes particuliers qui puissent chasser en exerçant leurs fonctions, car tout autre sera obligé de les abandonner, au moins momentanément, pour se livrer à la chasse.

Mineurs. — La question de discernement pourra être examinée, si le mineur accusé du fait de chasse, est âgé de moins de seize ans ; c'est ce qu'a fait observer M. Parès à la Chambre des députés et ce qui d'ailleurs est une nécessité en présence des habitudes des enfants de village, qu'une loi nouvelle ne peut guère espérer détruire entièrement.

ARTICLE 29.

Toute action relative aux délits prévus par la présente loi sera prescrite par le laps de trois mois à compter du jour du délit.

SECTION IV.

Dispositions générales.

ARTICLE 30.

Les dispositions de la présente loi relatives à l'exercice du droit de chasse ne sont pas applicables aux propriétés de la Couronne. Ceux qui commettraient des délits de chasse dans ces propriétés seront poursuivis et punis conformément aux sections II et III.

Propriété de la Couronne.— M. Luneau avait proposé d'expliquer formellement que les dispositions des lois relatives aux propriétés de la Couronne cessaient d'être en vigueur à l'égard des terres particulières enclavées dans lesdites propriétés, soumises au droit de chasse royale, ou à des servitudes spéciales à l'occasion de ce droit. M. le Garde des sceaux répondit :

Que porte l'article 30 de la loi qui nous occupe? Les dispositions de la présente loi, relatives à l'exercice du droit de chasse, ne sont pas applicables aux propriétés de la Couronne, etc... Le sens de cet article est bien clair; il en résulte sans doute que les propriétés de la Couronne ne seront pas régies, relativement au droit de chasse, par la loi actuelle; mais toutes les autres propriétés, et par conséquent même les propriétés enclavées, seront régies par cette loi. Or, comme elle donne à tout propriétaire la faculté de chasser dans ses propriétés, moyennant certaines conditions, il est évident que cette faculté appartiendra aux propriétaires de fonds enclavés dans les propriétés de la Couronne, comme à tous les autres; et la raison de la différence qu'établira à cet égard la loi nouvelle, est bien simple : dans la loi de 1790, l'exception était personnelle; la loi nouvelle l'accorde à la chose. Ainsi, les propriétaires d'enclaves pourront désormais chasser dans leurs propriétés sans aucune espèce de difficulté, et nul autre ne pourra y chasser sans leur consentement.

L'exercice du droit de chasse.— Ainsi tous ayants droit de chasse dans les propriétés de la Couronne ne pourront être poursuivis en vertu de la présente loi; l'exercice de ce droit reste soumis aux ordonnances qui régissent les propriétés de cette nature.

Les délits de chasse. — Cette disposition concerne ceux qui n'ont pas droit de chasser dans les propriétés de la Couronne; les lois applicables ne seront pas celles qui sont particulières à cette espèce de biens, mais la présente loi.

Cet article a été l'objet d'une discussion fort longue et qui n'apporte aucune lumière à l'intelligence du texte, d'ailleurs fort clair et très-formel.

Section 2 *et* 3. — M. Crémieux avait proposé un amendement en ces termes :

Les dispositions de la présente loi relatives à l'exercice de la chasse, sauf les dispositions des deux premiers paragraphes de l'art. 4, ne sont pas applicables aux propriétés de la Couronne.

Ces deux paragraphes sont relatifs à la prohibition de vendre, acheter, transporter du gibier pendant le temps où la chasse n'est pas permise.

M. le Garde des sceaux opposa les considérations suivantes :

On a paru craindre que l'exception qui vous est proposée par le gouvernement ne permît d'éluder la loi, et de vendre impunément du gibier qui serait déclaré provenir de propriétés de la Couronne. La commission a déjà répondu à cette appréhension, et je m'associe pleinement à sa réponse : tout gibier qui sera mis en vente pendant le temps prohibé devra être saisi, et le vendeur ne pourra évidemment s'excuser en alléguant que ce gibier provient des domaines de la Couronne. Quant au transport, il en est tout autrement : la pensée de l'article que nous discutons, est incontestablement que le gibier tué dans les forêts de la Couronne puisse être transporté. Y a-t-il donc là, messieurs, le moindre inconvénient? Ne pressentez-vous pas que les précautions nécessaires pourront être prises pour que l'exercice de ce droit ne puisse donner lieu à aucun abus, et pouvez-vous, sous l'impression d'inquiétudes dénuées de fondement, refuser d'admettre une faculté qui est la conséquence naturelle de la faculté même de chasser dans les propriétés de la Couronne?

C'est sous l'influence de ces observations que l'article a été voté; il en résulte que les ayants droit de chasser sur les propriétés de la Couronne pourront *transporter* le gibier qu'ils y avaient tué, mais que nul ne pourra ni le vendre, ni l'acheter, ni le colporter.

ARTICLE 31.

Le décret du 4 mai 1812 et la loi du 30 avril 1790 sont abrogés.

Sont et demeurent également abrogés les lois, arrêtés, décrets et ordonnances intervenus sur les matières réglées par la présente loi, en tout ce qui est contraire à ses dispositions.

En tout ce qui est contraire. — La loi sur la pêche fluviale porte dans son art. 83, abrogation formelle de toute loi, ordonnance, déclaration, etc., sur toutes les matières réglées par la présente en ce qui concerne la pêche, et le rapporteur de la commission disait :

« La commission aurait vu avec peine cette formule trop fréquente et qui ne devrait jamais se trouver dans des lois générales, que la présente ne déroge aux lois antérieures qu'en ce qu'elle a de contraire. Elle applaudit à l'article du projet, qui abroge purement et simplement toutes les lois, décrets, ordonnances sur la pêche fluviale. »

La loi nouvelle laisse encore aux tribunaux à décider quelles dispositions sont ou ne sont pas abrogées dans les lois précédentes ; pourquoi le législateur lui-même n'a-t-il pas fait un travail qui eût terminé toutes les incertitudes et prévenu tous les procès ? Cette tâche n'était pas plus difficile pour lui que pour les juges, et si ce n'est pas à lui que le reproche doit en être adressé, c'est au moins à ceux qui ont préparé le projet et n'ont reculé que par paresse ou par insouciance devant des recherches qui eussent donné à la loi un caractère de perfection qu'elle n'a pas.

La présente loi, discutée, délibérée et adoptée par la Chambre des Pairs et par celle des Députés, et sanctionnée par nous cejourd'hui, sera exécutée comme loi de l'État.

Donnons en mandement à nos cours et tribunaux, préfets, corps administratifs et tous autres, que les présentes ils gardent et maintiennent, fassent garder, observer et maintenir, et, pour les rendre plus notoires à tous, ils les fassent publier et enregistrer partout où besoin sera ; et, afin que ce soit chose ferme et stable à toujours, nous y avons fait mettre notre sceau.

Fait au palais des Tuileries, le 3e jour du mois de mai, l'an 1844.

LOUIS-PHILIPPE.

Par le Roi :

Le Garde des sceaux de France, Ministre secrétaire d'État au département de la justice et des cultes,

N. MARTIN (DU NORD).

Vu et scellé du grand sceau :

Le Garde des sceaux de France, Ministre secrétaire d'État au département de la justice et des cultes,

N. MARTIN (DU NORD).

TABLE ALPHABÉTIQUE.

Nota. Cette table ne contient que les observations qui n'appartiennent pas nécessairement à l'article sous lequel elles se trouvent.

FIN DE LA TABLE.

www.ingramcontent.com/pod-product-compliance
Ingram Content Group UK Ltd.
Pitfield, Milton Keynes, MK11 3LW, UK
UKHW021056220726
13924UKWH00005B/2126

9 782019 289850